ADMINISTRAÇÃO 3.0

CB018848

Mais dia, menos dia, quando aumentarmos o Patamar da Complexidade Demográfica, precisaremos, necessariamente, dar um upgrade no modelo de Comunicação e Administração do Sapiens.

Carlos Nepomuceno

ADMINISTRAÇÃO 3.0

por que e como "uberizar" uma organização tradicional

ALTA BOOKS
EDITORA
Rio de Janeiro, 2018

Produção Editorial	**Gerência Editorial**	**Produtor Editorial**	**Marketing Editorial**	**Vendas Atacado e Varejo**
Editora Alta Books	Anderson Vieira	(Design)	Silas Amaro	Daniele Fonseca
Produtor Editorial	**Supervisão**	Aurélio Corrêa	marketing@altabooks.com.br	Viviane Paiva
Thiê Alves	de Qualidade	**Editor de Aquisição**	**Vendas Corporativas**	comercial@altabooks.com.br
	Editorial	José Rugeri	Sandro Souza	**Ouvidoria**
	Sergio de Souza	j.rugeri@altabooks.com.br	sandro@altabooks.com.br	ouvidoria@altabooks.com.br

Equipe Editorial	Bianca Teodoro	Ian Verçosa	Juliana de Oliveira
	Christian Danniel	Illysabelle Trajano	Renan Castro

Revisão Gramatical	**Layout e**	**Capa**
Carlos Bacci	**Diagramação**	Aurélio Corrêa
Priscila Gurgel	Luana Silva	

Dados Internacionais de Catalogação na Publicação (CIP)
Vagner Rodolfo CRB-8/9410

N441a   Nepomuceno, Carlos

Administração 3.0: por que e como "uberizar" uma organização tradicional / Carlos Nepomuceno. - Rio de Janeiro : Alta Books, 2018.
176 p. : il. ; 14cm x 21cm.

Inclui índice e anexo.
ISBN: 978-85-508-0184-1

1. Administração. 2. Organização. 3. Gestão de empresas. 4. Interações. I. Título.

CDD 658.401
CDU 658.011.2

Rua Viúva Cláudio, 291 — Bairro Industrial do Jacaré
CEP: 20970-031 — Rio de Janeiro - RJ
Tels.: (21) 3278-8069 / 3278-8419
ALTA BOOKS   www.altabooks.com.br — altabooks@altabooks.com.br
E D I T O R A   www.facebook.com/altabooks

Dedicatória

Aos que estão e aos que vão mudar a forma como administramos a sociedade.

Jack London — um dos maiores empreendedores digitais do país (In Memoriam)

Agradecimentos

À minha família, porto seguro de sempre.

Aos autores da Escola Canadense de Comunicação, em especial McLuhan, Havelock e Lévy.

Aos queridos e queridas alunas, em especial àqueles que estão sempre comigo, diariamente, trocando percepções.

Aos que participaram, revisando este livro: Antônio Cordeiro, Hudson Augusto, Joyce Baena, Lilian Calmon, Rafael Salles, Rosilma Menezes Roldan e Vanuza Cavalcanti.

A meu primo Harold Borges, pelas dicas. A Luis Mangi pelo prefácio.

A Lily Mayon, Nélson Pfefer e Pedro Alborez pela companhia em Teresópolis.

E na versão Gama, a revisão de Ludmylla Soares, Harold Borges, Rosilma Menezes Roldan e Jonas Zonis Nepomuceno.

Prefácio
A revolução das interações

Lembro-me ainda do primeiro encontro com Carlos Nepomuceno, o Nepô. Foi há muito tempo, mas a data precisa não é o mais importante. Estávamos num evento de gestão do conhecimento organizado por um amigo comum, Marcos Cavalcanti. Durante o almoço, ficamos juntos numa mesa longa, eu sentado à frente do Nepô.

Tivemos uma discussão bem calorosa sobre as vicissitudes do mundo corporativo, sobre certo discurso ingênuo em torno da relação entre indivíduo e organização que, colocando o conflito como algo patológico, deve, portanto, ser mitigado. Os remédios são conhecidos. As livrarias estão repletas de títulos sobre as mais variadas teorias motivacionais, mas não é isso o que importa falarmos aqui.

No calor do debate, mencionei um livro que me impactou bastante em minhas aventuras acadêmicas da época — *O novo espírito do capitalismo*, de Luc Boltanski e Ève Chiapello. Uma obra de fôlego na qual os autores revisitam a história do capitalismo para identificar os elementos que o levaram a se tornar hegemônico no século XX. Nepô acompanhou atentamente, inclusive tomando notas. Fez questão de pegar a referência bibliográfica. Para muitos teria sido apenas mais um debate a ser esquecido no dia seguinte. Para Nepô, não. Isso diz muito sobre uma de suas características mais marcantes: a curiosidade intelectual, a abertura para o novo, e um inconformismo que sempre o leva a questionar e reelaborar conceitos. Nepô é um carpinteiro de ideias. E os desafios da contemporaneidade exigem mesmo essa capacidade de buscar novos caminhos, arriscar novos "cortes na madeira", evitar o comodismo das ferramentas elétricas e seus cortes padronizados, os modelos de pensamento que nos trouxeram até aqui.

Dois séculos atrás, alterações dramáticas nas relações de produção desencadearam a Revolução Industrial. No final do século XX, presenciamos o aparecimento da internet, algo que também impactou grandemente as relações de produção e consumo. Alguns setores, como a indústria fonográfica e o mercado editorial como um todo, sofreram muito com esse poder de desintermediação da internet e foram obrigados a literalmente se reinventar. Uma reviravolta de proporções similares está prestes a ser desencadeada por mudanças sem precedentes na economia de interações.

Sim, estamos no centro de uma revolução das interações: a identificação, a coordenação e o monitoramento de um número extraordinário de conexões que pessoas, empresas e coisas fazem quando trocam bens, serviços ou ideias. Interações exercem uma forte influência na forma como as atividades econômicas estão sendo (re)estruturadas, como as empresas estão se (re)organizando, como os clientes estão se comportando. Em suma, como estamos construindo identidades e relações sociais. Pouco se conhece sobre isso ainda, mas é inegável que a revolução das interações trouxe uma nova dinâmica aos negócios.

O surgimento de tecnologias disruptivas, a massificação da internet móvel, dos sensores, da computação em nuvem, os avanços na robótica, a impressão 3D, as máquinas inteligentes, as novas tecnologias de análise de dados — tudo isso certamente impulsionou essa revolução das interações e causa um impacto fundamental nas empresas e consumidores. A Internet das Coisas está criando novos níveis de conectividade que entrelaçarão de forma pervasiva as dimensões física e digital do mundo em que vivemos, criando novos estilos de vida, novas propostas de valor. Como resultado, as organizações terão de enfrentar a nova realidade digital que redefinirá setores econômicos e mercados tradicionais.

Alguns podem interpretar erroneamente essa revolução digital como sendo uma simples extensão das tecnologias adotadas nas empresas, ou uma atualização do conceito de e-business que vimos no passado recente. Na realidade, isto seria tão somente usar tecnologia para automatizar modelos e processos existentes, ou usar ferramentas elétricas para esculpir a madeira, como dissemos acima.

O jogo agora é outro. Automatizar processos ou digitalizar dados e transações não mais é suficiente. Para competir em um mundo digital, as empresas devem pensar em digitalizar integralmente seus negócios e seus ecossistemas. É a partir daí que modelos de negócios, produtos, serviços, mercados, canais e processos serão efetivamente transformados através de tecnologias digitais. Nesse jogo, o trabalho será organizado de forma diferente também. Formas organizacionais, cadeias de comando e controle, hierarquias rígidas, relações de trabalho, tudo isso está mudando, queira você ou não.

Para entender esse fenômeno — a revolução nas interações — é preciso deixar de lado algumas crenças e buscar novos caminhos conceituais. Nepô está certo: precisamos mesmo de uma nova curadoria de ideias. E isso não significa seguir atalhos ou queimar etapas no processo intelectual. Seria flertar perigosamente com uma literatura descartável, dessas que são vendidas em aeroportos. Em seu livro *Administração 3.0*, Nepô revisita paradigmas filosóficos, teóricos e metodológicos e constrói ferramentas intelectuais para entender a revolução digital não a partir de um vácuo conceitual, mas em bases sólidas e estruturadas. Nem por isso se perde em digressões acadêmicas, tão comuns nas universidades brasileiras, onde boa parte dos professores vivem encastelados em seus fundamentalismos, cultuando dogmas, seguidores e seus indicadores de produtividade na CAPES.

Nepô não acredita em fundamentalismos de qualquer espécie. É um verdadeiro catalisador humano. A curadoria aqui não implica obrigatoriamente em agir como um *"gatekeeper"*, como aquele que define o que é certo ou errado, bom ou ruim, tal como vemos no mercado de bens culturais. O livro de Nepô é um esforço genuinamente colaborativo, participativo, dinâmico, vivo. E aí talvez resida a parte mais inovadora dessa obra: o livro está sendo construído enquanto vocês estão lendo este prefácio. Acreditem: o uso do gerúndio aqui é absolutamente pertinente. Não é obra pronta, definitiva. Nepô sabe que conceitos podem se transformar em metáforas mortas, esquecidas. Tal como em Nietzsche, suas ideias estão sempre em movimento.

Luis Mangi — Vice-Presidente de Pesquisa da Gartner Brasil

Sumário

PARTE II: ANTROPOLOGIA COGNITIVA 23

2.1 POR QUE NÃO ENTENDEMOS A REVOLUÇÃO CIVILIZACIONAL DIGITAL? 25

2.2 REVOLUÇÕES CIVILIZACIONAIS 33

2.3 DOS MAMÍFEROS PARA OS INSETOS 55

PARTE III: INOVAÇÃO 3.0 69

3.1 OS ERROS ESTRATÉGICOS DIANTE DO DIGITAL 71

3.2 ADMINISTRAÇÃO 3.0: O QUE É? A QUE VEIO? 93

3.3 INOVAÇÃO 3.0: A SAÍDA MAIS BARATA PARA MIGRAR DA GESTÃO PARA A CURADORIA..................... 111

Alerta às lideranças

Neste livro teremos algumas abordagens incomuns, que você não está habituado no mundo dos negócios. São elas:

Abordagem incomum	Justificativa
Estratégia Dedutiva	O autor parte da análise histórica para projetar o cenário, não partindo dos fatos cotidianos;
Biologia	Intensa comparação do Sapiens com outras espécies para melhor compreensão do cenário;
História	Sempre do ponto de vista Macro-Histórico com *timeline* de séculos e/ou milênios.

O objetivo desse conjunto de recursos é compreender a atual Revolução Civilizacional Digital e fazer com que você possa ajudar a sociedade a tomar decisões melhores.

Faça um esforço.

Introdução

O objetivo do presente livro é auxiliar as Lideranças Estratégicas a pensar e agir de forma mais eficaz, racional, lógica e embasada diante da Revolução Civilizacional Digital[1] em curso.

O livro procura desenvolver um cenário consistente para ajudar a entender o que todos já sentem: estamos passando por mudanças inusitadas e profundas e algo precisa ser feito em alguns setores e organizações de maneira mais ou menos urgente.

Aqui, procuro embasar prognósticos e sugestões a partir de vinte anos de leituras, debates e ação direta em organizações dos mais variados tipos e tamanhos.

O presente livro é a evolução de dois outros: *Conhecimento em Rede* (2006), escrito com o professor Marcos Cavalcanti, e *Gestão 3.0*, de autoria solo.

Ele foi produzido no verão de 2016 e atualizado, de forma bastante significativa, no verão de 2017, após um ano de debates com meus alunos, clientes e seguidores em mídias sociais até chegar à atual versão impressa, a ser vendida nas livrarias.

O presente texto sugere que nossas ferramentas de análise, prognósticos, cenários, estratégia, metodologia e inovação estão inadequadas para entender o atual contexto disruptivo.

Nossos paradigmas ficaram obsoletos ante um fenômeno macro-histórico que une, ao mesmo tempo, dois extremos:

- É pouco estudado;

- E tem impacto disruptivo e veloz na sociedade.

---

[1] Todos os conceitos criados especialmente para o livro serão grifados com as primeiras letras das palavras em caixa-alta. Há no Glossário descrição dos recorrentes.

A proposta é reorganizar o debate de forma mais lógica para que possamos agir melhor sobre a Revolução Civilizatória Digital.

Optei por três níveis de discussão:

- **Capítulo I (Revisão Filosófica)** — sugere mudança de paradigma para a pergunta: *"Quem somos?"*. Introduz o conceito de Tecnoespécie, um Sapiens que vive em um Tecnoplaneta próprio. Trata-se de um ser humano que muda toda vez que novas tecnologias se massificam e permitem resolver de maneira mais adequada os velhos e novos problemas — **(Campo de estudo: Filosofia da Tecnologia);**

- **Capítulo II (Revisão Teórica)** — apresenta o papel das Revoluções Civilizacionais na Macro-História, que se desenrolam em duas etapas: Revolução na Comunicação, quando se descentraliza a informação; e, depois, Revolução na Administração, que distribui decisões. Ambas têm o intuito de oferecer ferramentas mais sofisticadas para lidar melhor com a Complexidade Demográfica Progressiva — característica única do Sapiens — **(Campo de estudo: Antropologia Cognitiva);**

- **Capítulo III — (Revisão Metodológica)** — sugestão da implantação da Inovação 3.0, que visa através de Lab 3.0 promover a migração do atual para o novo Modelo de Administração 3.0, denominado Curadoria, popularmente conhecido como Uberização, que é incompatível com a Gestão — **(Campo de estudo: Inovação 3.0).**

Os três níveis são detalhados na tabela abaixo:

Nível do debate	Ajuda diante de problemas	O que auxilia?
Filosofia	Analisa e detalha a essência das forças;	Mapa da essência das forças, incluindo o da natureza humana;
Teoria	A partir da essência das forças em movimento;	Mapa e prognóstico das forças em movimento para ajudar a gerar metodologias para a ação;
Metodologia	A atuação sobre as forças, a partir dos mapas filosófico e teórico detalhados.	Mapa estratégico de migração entre a antiga/nova metodologia e ações em processos (em que ordem?), pessoas (quem e com qual perfil?) com quais ferramentas (tecnologias?).

Ou como vemos na figura abaixo:

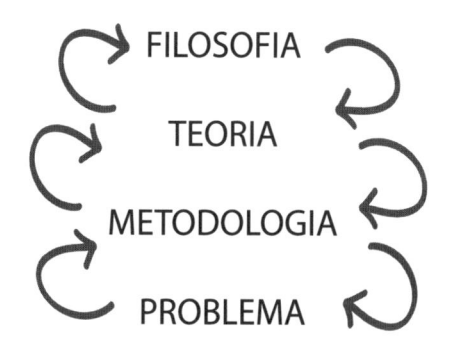

Não existe chance de se ter estratégia e metodologia adequadas se as forças que determinam mudanças na sociedade não estão bem dimensionadas e projetadas no tempo. Estará se propondo caminhar para a frente, mas não se sabe exatamente para onde!

PARTE I | FILOSOFIA DA TECNOLOGIA

SÍNTESE: Tecnologias não são neutras.

A CEGUEIRA FILOSÓFICA

> **❝** *Não é o que você não sabe que vai colocá-lo em apuros. É o que você tem certeza que não vai.* **❞**
>
> — **Mark Twain**

Há, hoje em dia, emoção demais e lógica de menos quando se procura compreender o ser humano frente ao novo século. Listo abaixo as principais revisões filosóficas que considero necessárias para melhor visualizar o cenário futuro:

Percepção atual	Ajuste de percepção proposto
As tecnologias são neutras;	As tecnologias não são neutras, pois influenciam significativamente o Sapiens ao longo da Macro-História;
As tecnologias pouco influenciaram na história;	As tecnologias influenciaram fortemente a Macro-História: outras espécies têm evolução[2] genética e nós, Tecnoculturais;
O ser humano tem limitações culturais;	Muitas das limitações culturais são apenas falsas fronteiras tecnológicas;
A inovação para o Sapiens é opcional;	A inovação para o Sapiens é obrigatória;
Praticamos a Administração;	Praticamos a Tecnoadministração nas tecno-empresas; temos Tecnoescola, Tecnopolítica, Tecnossociedade e Tecnocultura, que mudam conforme temos novos códigos de comunicação.

---

[2] O uso do termo evolução aqui é sinônimo de caminhada, pois não acredito em melhoria, mas apenas em adaptação mais eficaz.

Trafegamos pela atual tempestade com piloto automático ligado e paradigma filosófico obsoleto!

TECNOLOGIAS NÃO SÃO NEUTRAS

Temos a ingênua fantasia de que somos animais basicamente culturais que, de quando em quando, desenvolvem tecnologias. Tecnologias seriam neutras e faríamos com elas o que quiséssimos. Seriam nada mais do que um subproduto cultural na periferia de nossa Macro-História.

Isso é falso!

São as condições tecnoculturais do que é possível fazer ou não na sociedade que definem o que pode e não pode ser feito pelo Sapiens em cada época.

Como diria Shakespeare:

> **"** *Há mais coisas entre o céu e a terra do que supõe nossa vã filosofia.* **"**

O que existe entre o céu e a terra é o Tecnoplaneta particular do Sapiens, repleto de antigas e novas tecnologias que limitam ou nos permitem expandir a Tecnocultura!

Não temos administração, mas Tecnoadministração, Tecnoescola, Tecnoeconomia, Tecnomedicina, Tecnodireito, Tecnociência, Tecnorreligião.

Somos Tecnosseres.

Todas as atividades humanas estão inseridas na Tecnossociedade no Tecnoplaneta mutante e Tecnoinstável onde vive o Tecnossapiens.

Não somos tecnos só agora, quando assistimos cada vez mais novas tecnologias serem criadas e nos modificando mais rapidamente. Somos tecnos desde quando descemos das árvores e fomos para as cavernas.

O que temos vivido neste século não é uma mudança de nossa Tecnonatureza humana, mas apenas da maior velocidade e da premente necessidade de nos olharmos, de novo, no espelho!

Precisamos perceber a influência das tecnologias na nossa história!

O "ENGOLIDOR" DE TECNOLOGIAS

O cérebro necessita, por uma questão de sobrevivência, saber o que o ameaça e o que não o ameaça para "dormir sossegado".

O primeiro contato com novas tecnologias o assusta, mas, aos poucos, ele vai se ajustando, inclusive promovendo mudanças conjunturais e estruturais, até engoli-las e torná-las invisíveis.

Nosso cérebro as torna invisíveis para poder se preocupar com outros "perigos e ameaças". Acreditamos, assim, por ilusão, que tecnologia é apenas a **NOVA** tecnologia.

No cotidiano, há apenas dois tipos de tecnologias:

- **Naturais** — às quais **JÁ** nos acostumamos e tornamos invisíveis;
- **Antinaturais** — as novas, com as quais **AINDA** não nos acostumamos, e que chamamos de "tecnologia" até que sejam aculturadas e **também** se tornem invisíveis.

Observe, por exemplo, que, na seção *"Tecnologia"* de qualquer jornal, apenas as NOVAS são consideradas tecnologias:

- Novo trator é assunto de Agronegócios;
- Avião mais moderno aparece na seção de Aviação.

Tratores e aviões não são mais considerados *"tecnologias"*, pois foram aculturados pelo uso. Já novos celulares ou tablets, serão chamados de *"Tecnologias"*.

*"O Sapiens "engole" as tecnologias e, ao mesmo
tempo, é engolido por elas, pois nos transformam e
nós as transformamos."*

É preciso compreender, de forma profunda, que quando fomos naturais, iguais a todas as outras espécies, e vivíamos pelados na natureza, não éramos Homos!

Assumimos ser Homos quando resolvemos ser Tecnos!

SOMOS A ÚNICA TECNOESPÉCIE DO PLANETA

Digamos que os outros animais se especializaram geneticamente, aperfeiçoando o próprio corpo.

Nós resolvemos preservar o corpo, com mudanças pontuais ao longo da caminhada e sofisticar o aparato tecnocultural, de forma incremental, radical ou disruptiva conforme novas tecnologias vão sendo criadas e massificadas a cada novo desafio na Macro-História.

São dois tipos de evolução:

Tipos de Evolução	Detalhe
Genética	As outras espécies mudam geneticamente com mais vagar. Têm Genético-Evolução.
Tecnocultural	O Sapiens é a única espécie no planeta que muda a partir das novas possibilidades tecnológicas disponíveis. Temos, assim, a Tecnoevolução.

Podemos dizer que:

- Nas outras espécies há genética e instinto e, em nós, a Tecnocultura;
- As outras espécies são mais "hardware" e nós mais "software";
- As outras espécies são mais sólidas; nós somos mais líquidos.

Somos a espécie mais complexa do planeta, justamente pela capacidade de inovar a Tecnocultura (e agora também a genética, com as novas descobertas).

Não somos superiores a ninguém, apenas diferentes.

Por enquanto, somos a única Tecnoespécie que conhecemos na Terra e no Universo.

Quando e se aparecerem alienígenas em discos voadores, estaremos, pela primeira vez, diante de espécie Tecnocultural como a nossa.

A DEPENDÊNCIA DA INOVAÇÃO

Os biólogos defendem que **NÃO** são as espécies mais fortes aquelas que perduram no tempo, mas justamente as mais adaptáveis e resilientes.

Somos campeões no quesito Tecnoflexibilidade.

Diferentemente dos outros animais, o Sapiens supera problemas ecossistêmico-naturais mediante a inovação incremental, radical ou disruptiva da Tecnocultura.

A saber:

Tipos de Inovação	Detalhe
Inovação Genética	Mudanças ao longo do tempo por mutações biológicas;
Inovação Tecnocultural	Mudanças ao longo do tempo por alterações tecnoculturais.

Tal visão é bem retratada no filme "*2001 – Uma odisseia no espaço*", de Stanley Kubrick, quando o pré-Homo agarra um osso e bate no esqueleto de um animal.

A cena representa o momento de abandono da evolução instintiva e genética e o início da caminhada do Homo em direção à nossa sina tecnocultural!

Tornamo-nos Homo ao optarmos por ser tecnológicos. E na caminhada, com as tecnologias que criamos, principalmente linguagens, nos tornamos Sapiens.

SOMOS NÁUFRAGOS TECNOLÓGICOS

O caráter tecno da nossa espécie é também demonstrado no filme "*Náufrago*", com Tom Hanks, que, ao se ver sozinho em uma ilha deserta após a queda de seu avião, reconstrói, ao longo do filme, as tecnologias básicas de sobrevivência.

O Sapiens, diferentemente do leão, que pode viver "pelado" na savana, morre em poucos dias, mesmo os mais treinados, nesse tipo de ambiente não tecnológico.

Para sobreviver, tem de reconstruir, pouco a pouco, tecnologias básicas: roupa, armas, fogo, como fez o personagem de Tom Hanks no filme.

Elefantes não precisam de GPS para encontrar antigos cemitérios de seus ancestrais; nós, cada vez mais, precisamos.

Assim, onde houver tecnologia, haverá um Sapiens, onde NÃO houver tecnologia, não haverá nenhum!

FALSAS FRONTEIRAS

É preciso compreender, portanto, que boa parte das fronteiras da sociedade é falsa.

Basta a chegada e massificação de uma nova tecnologia que nos permita transpor um antigo limite para que iniciemos um processo de expansão tecnocultural e comecemos a descobrir novas possibilidades.

Por exemplo, quando me perguntam sobre a chegada das tecnologias na escola, indago:

"De quais tecnologias exatamente estamos falando?"

Já que paredes, luz, quadro-negro, giz, apagador, carteiras, caderno, caneta, lápis, borracha, linguagem, escrita, computador, datashow, tela de projeção são tecnologias criadas por nós, mas que se tornaram culturalmente invisíveis pela força do costume e do hábito.

Quando olhamos para a escola, não vemos mais a histórica e mutante construção tecnocultural que ocorreu ao longo do tempo pelo conflito permanente entre as tecnoconjunturas de antes e depois da chegada de cada novo aparato educacional.

A história da Tecnoescola pode ser recontada pela tensão que sempre houve entre novas e velhas possibilidades tecnológicas, bem como pela capacidade da Tecnocultura vigente de rejeição, aceitação e incorporação.

A Tecnocultura, por necessidade, se acostumou, como se a Tecnoescola fosse apenas *"a escola"*.

Mas não é, nunca foi, nem será!

A Tecnoescola gera a ilusão da escola *"Tecnopura"*, o que é falso e venenoso para Líderes Estratégicos Educacionais!

VIVEMOS EM UMA BOLHA TECNOCULTURAL

Acreditamos que limites e fronteiras da escola são naturais e **TOTALMENTE** controlados pelo desejo humano.

Não são e nunca foram.

As fronteiras do que se pode e não se pode fazer na Educação e na própria sociedade são determinadas pela Bolha Tecnológica sempre em expansão.

São falsos limites.

Ao dispormos de novas tecnologias, novas possibilidades se abrem para nossa Tecnoconjuntura Mutante.

Professores se assustam com novidades tecnológicas, pois acreditam que a Tecnoescola atual é construída *"na pedra imutável da cultura"* e não como *"nau solta ao sabor dos ventos das mudanças Tecnoculturais"* que virão ao longo da Macro-História.

Nossos limites podem ser expandidos com novas tecnologias que nos apresentam novas "paredes" tecnoculturais.

Consideramos que as limitações que temos são "naturais" e não tecnoculturais, e não nos damos conta de que as *"antigas paredes"* vão se alargando à medida que novas tecnologias aparecem.

A Tecnossociedade atua, assim, dentro da Bolha Tecnocultural disponível, da Tecnogaiola, do Tecnoaquário, da conjuntura Tecnocultural específica, datada, histórica, de dado tempo e lugar.

Somos o que tecnoculturalmente conseguimos ser a cada época.

O "RIO" DA TECNOSSOCIEDADE

Um rio — e suas margens, água e peixes — é uma boa analogia para a sociedade.

- A Tecnocultura é a água que corre;
- As tecnologias são as margens, que delimitam a Tecnocultura;
- E os peixes somos nós, que vivemos em função das possibilidades que o rio oferece, formadas pela tensão entre os limites das margens (Tecnologias) e as águas (Tecnocultura) que procuram transbordar.

Quando qualquer nova tecnologia se massifica, amplia as margens tecnoculturais e dá vazão a novas possibilidades.

Como vemos na figura abaixo:

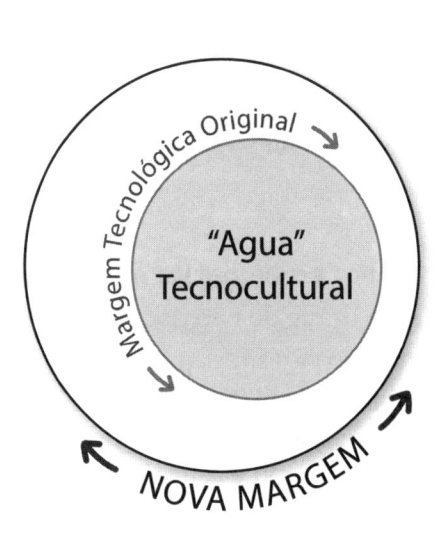

Novas tecnologias permitem que a *"água"* tecnocultural possa ocupar novo espaço, antes restringido pela margem anterior, que impedia que determinadas mudanças ocorressem.

SAPIENS VOADOR

O Sapiens, então, ao contrário de antes, agora pode voar, ampliando a área passível de ocupação pelas "águas" entre as novas "margens", como vemos na figura:

Note a mudança no Tecnoecossistema/Margens.

Antes tínhamos o limite de não poder voar; agora, não mais.

A Tecnocultura se expandiu e quebrou os antigos limites do que não podia ser feito: "não voar" passou a "poder voar".

Santos Dumont não teve autorização da sociedade para criar o avião, apenas experimentou e este se massificou, pois atendeu a demandas da espécie.

E mudou o Sapiens para sempre.

A partir dali passamos de espécie não voadora para voadora.

A EXPANSÃO DAS MARGENS

Os descendentes do Sapiens voador não sabem mais o que era viver em um *"rio Tecnocultural"* no qual os humanos não podiam voar. Vejamos na figura:

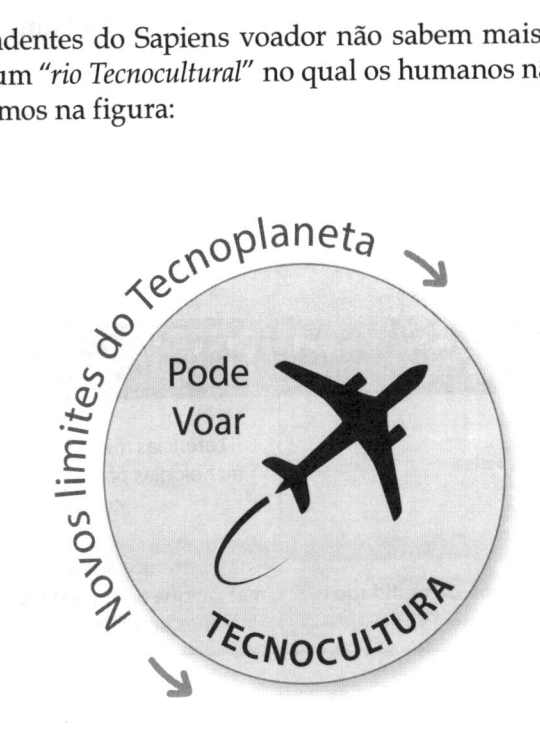

Note que para as novas gerações a antiga margem desaparece por completo, como se nunca houvesse existido. É esquecida, como se desde o tempo das cavernas sempre tivéssemos voado.

No entanto, houve a passagem do que podemos chamar de *"margem natural"*, aquilo que era considerado impossível (não voar), que se tornou possível (voar).

Nosso problema é que consideramos que as atuais margens do Tecnoplaneta são as próprias margens DO PLANETA e da nossa "Natureza Humana".

Confunde-se "Natureza Humana" com os limites que as tecnologias de plantão nos impõem.

Quando novas tecnologias surgem, o Tecnoecossistema se torna expansível e a Tecnocultura passa a ocupar novo espaço, e o que era definido como limite da "Natureza Humana" é modificado.

AS DUAS NATUREZAS HUMANAS

Na verdade, podemos dizer que há duas naturezas humanas:

Natureza	Detalhe
Falsa	Latências que aguardam novas tecnologias para se tornar hábito e costume;
A mais próxima da realidade	Hábitos que **NÃO** se consolidam mesmo que tenhamos tecnologias que lhes permitam ser alterados.

Há um limite tênue entre as duas, cujas fronteiras só a prática e o tempo poderão definir.

A FALSA NATUREZA HUMANA

Na sociedade existem muitos limites e, por sua vez, latências, por carência de tecnologias.

Muitos dirão que são limites humanos.

O problema da falsa natureza humana é que nos impomos determinados limites como se eles fossem características intrínsecas aos humanos, quando, na realidade, trata-se apenas da dificuldade que temos de criar novos hábitos e costumes.

Defendemos determinadas práticas apenas porque temos receio e medo de, ao utilizar novas tecnologias, superar limites que considerávamos "reais".

Todos os campos de conhecimento estruturam alicerces (filosofias, teorias e metodologias) que acabam abalados pela chegada de novas tecnologias.

Não se percebe que algumas premissas não são fixas.

> *"As fronteiras tecnológicas do "aquário humano" são rompidas, mas o Sapiens, por hábito, medo e incapacidade de se renovar, continua "nadando" no mesmo perímetro anterior, pois nos viciamos nas paredes antigas e temos receio do espaço que se abre para a expansão."*

O futuro do Sapiens é, portanto, mais aberto do que consideramos, porém, não tão aberto como muitos tecnorromânticos consideram e têm defendido.

O QUE NÃO MUDA NO SAPIENS?

Muitos podem argumentar que, se temos tecnofronteiras, o ser humano pode e quer mudar tudo, mas não é isso que observamos na Macro-História.

Como todas as outras espécies, criamos tecnologias para continuar nos reproduzindo e viver cada vez melhor, dentro de cada Tecnocontexto.

Procuramos equilíbrio para viver com a maior qualidade possível. Há tecnologias que atendem a essa premissa e se massificam, e outras que são rejeitadas.

Mudamos a sociedade para atender às demandas da nossa espécie: comer, dormir, nos reproduzir, aprender, nos relacionar, nos defender, curtir.

Assim, é possível separar o que são mudanças tecnológicas que vão de encontro às ancestrais demandas humanas. E o que pode haver de Tecnoutopia em algumas propostas sociais a partir de novas tecnologias.

Podemos dizer, assim, que todas as tecnologias que atendem às demandas humanas se massificam e alteram a Tecnocultura, pois se faz um ajuste entre velhos e novos problemas e diferentes possibilidades de solução.

O ser humano tende a não massificar novas tecnologias que não resolvam de alguma forma seus problemas e demandas mais permanentes.

Aquilo que não adotamos, mesmo que possamos, é o que podemos dizer que nos permite ver melhor o que podemos chamar de natureza humana.

DUAS CIDADES, UMA PONTE E UM RIO

Criei, em sala de aula, uma metáfora para facilitar o entendimento dessa nova concepção da relação entre Sapiens-Cultura-Tecnologia, e evitar distorções.

Imaginemos duas cidades separadas por um rio.

(*O rio aqui vai ter sentido de rio propriamente dito, não metafórico como antes.*)

Os habitantes das duas cidades precisam de duas horas e meia para se visitar: duas de carro e meia na travessia de balsa.

Há, assim, limite físico (águas de rio caudaloso, profundo e de águas agitadas) que estabelece parâmetros e limites naturais e define os hábitos dos respectivos habitantes das duas cidades.

É a natureza que impede que viagens entre as duas cidades sejam mais rápidas e curtas. Tal barreira ecológica delimita as condições tecnoculturais objetivas e subjetivas daqueles habitantes.

A barreira *"natural"* é superada quando surge uma ponte entre as duas cidades.

A ponte construída e inaugurada permite atravessar o rio em dez minutos. Modifica, assim, a Tecnocultura daqueles habitantes, pois reduz a viagem e cria possibilidade de novas práticas e costumes.

Veja bem a sequência dos fatos para entender como a história do Sapiens se modifica com a chegada da singela ponte (nova tecnologia):

1. Mudanças sociais permitem o surgimento da ponte entre as duas cidades;

2. A ponte permite que novas ações Tecnoculturais ocorram — o que antes não era possível por limitações tecnológicas;

3. A ponte, que é tecnologia, modifica o ambiente Tecnocultural entre as duas cidades, pois permite o que não era possível antes: viagem mais curta e mais barata.

A barreira do rio caudaloso é superada e torna possível o que era inviável.

A maior parte dos habitantes das duas cidades talvez não se dê conta do quanto a vida vai mudar com a chegada da nova ponte, que irá condicionar mudanças de hábitos e costumes praticados.

Mudanças sociais, políticas e econômicas se iniciam e marcarão a vida da cidade como antes da ponte (AP) e depois da ponte (DP).

Nas duas cidades há novo potencial para que a Tecnocultura se expanda, o que não quer dizer que já se expandiu ou vai se expandir.

OS VÁCUOS TECNOCULTURAIS

Podemos dizer que com a inauguração da ponte foi aberto determinado Vácuo Tecnocultural entre o que não era e o que agora é possível fazer.

Algo pode ser esperado em termos de mudança, mas muito de inesperado provavelmente ocorrerá, pois o Sapiens passa a ter novo Vácuo Tecnocultural para se expandir.

" O Vácuo Tecnocultural é o espaço que se abre entre o que não se podia e o que se pode passar a fazer com a Tecnocultura, a partir da massificação de novas tecnologias. "

É o vão entre a velha e a nova parede do Aquário Tecnocultural.

A Tecnocultura passa a ir para onde não podia, pois o Tecnoplaneta se expandiu naquelas duas Tecnocidades.

LIMITES RECICLÁVEIS

A chegada da ponte, assim, não modifica a Tecnocultura no mesmo momento, **mas torna a Tecnocultura expansível** para lugares que antes não podia sonhar avançar.

Nossos limites são recicláveis!

É uma espécie de *"abertura de porteira"*, na qual o *"rebanho de bois"* estava confinado e agora começa a perceber que pode ir *"pastar"* em outro recanto. Aos poucos, de *"boi"* em *"boi"*, começa-se a experimentar as novas possibilidades da chegada da nova ponte.

As duas cidades, já modificadas tecnoculturalmente, absorveram as possibilidades do novo Tecnoecossistema, que foi preenchido por novas práticas e costumes.

Novos limites são reciclados e acabam sendo encarados pelas novas gerações como *"naturais"* ou *"reais"*, quando, na verdade, eram falsos velhos limites no passado.

A chegada da ponte será marco histórico daqueles dois povoados:

- A Tecnocultura SEM ponte;
- A Tecnocultura COM ponte.

O que não era tecnoculturalmente possível fazer antes, agora é.

VIVEMOS EM UM AQUÁRIO TECNOCULTURAL

Quando massificamos novas tecnologias, estamos, na verdade, *"ampliando"* as paredes do Aquário Tecnocultural, através da ocupação criativa do vácuo entre a velha e a nova parede. Como vemos, por fim, na figura:

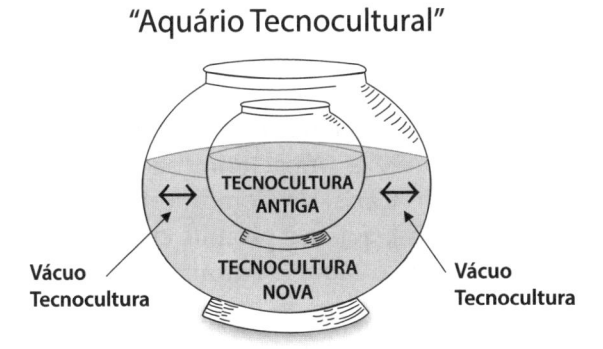

"Aquário Tecnocultural"

Quando alguém inventou lá atrás o arco e flecha, aquela tribo inovadora passou a caçar de forma mais eficaz, o que significou maior facilidade para sobrevivência.

A nova arma alterou possibilidades de intervenção na natureza e ampliou o Tecnoecossistema e, por sua vez, logo depois a Tecnocultura.

Com aumento da facilidade para caçar, um número maior de pessoas daquela tribo passou a poder viver na aldeia, bem como passaram a ter superioridade sobre seus inimigos.

- O Tecnoecossistema não é, assim, aquilo que se faz logo e imediatamente com a Tecnologia;
- O Tecnoecossistema é aquilo que se torna possível fazer com a chegada de novas tecnologias;
- Novas tecnologias criam novos Tecnoecossistemas, que abrem um Vácuo Tecnocultural no qual se podem realizar ações que antes não eram possíveis;
- Quando se abre o Vácuo Tecnocultural, a Tecnocultura entra em fase expansível e mudanças inusitadas podem ser previstas, pois se poderá ir aonde não se podia antes, graças às novas possibilidades antes não disponíveis.

E isso nos leva a compreender que, quando determinadas tecnologias surgem, como as que permitem nos comunicar melhor e de forma diferente, o Tecnoecossistema entra em largo processo de expansão.

Uma Revolução Civilizacional é, como veremos a seguir, o fenômeno mais relevante e impactante na Macro-História do Sapiens, ao trazer novo Canal de Comunicação (Digital) e nova Linguagem (dos Cliques), que nos permite criar nova Etapa Civilizacional, através de novo Modelo Administrativo.

Nada se compara no passado ao que estamos vivenciando!

Tal mudança abre o maior Vácuo Tecnocultural que o Sapiens já teve notícia.

É nesse espaço gigantesco que as mudanças do novo milênio já estão ocorrendo e vão ocorrer com muito mais intensidade.

O Sapiens está com sede de mudanças e as antigas falsas fronteiras, aos poucos, estão sendo ultrapassadas.

CONCLUSÃO DO CAPÍTULO I

Segue, abaixo, síntese dos paradigmas filosóficos aqui propostos para entender a atual Revolução Civilizacional Digital:

- Não aceite a neutralidade das tecnologias;
- Aceite a ideia de que muitas das barreiras tecnoculturais que temos são falsas;
- Admita que, quando temos mudanças tecnológicas, podemos recriar a sociedade humana.

Assim, você terá mais facilidade para absorver as mudanças de paradigma que o Capítulo II trará ao defender as prováveis causas e consequências da atual Revolução Civilizacional Digital.

PARTE II | ANTROPOLOGIA COGNITIVA

SÍNTESE: Aumentos demográficos geram Revoluções Administrativas.

2.1
POR QUE NÃO ENTENDEMOS A REVOLUÇÃO CIVILIZACIONAL DIGITAL?

* * *

SÍNTESE: estamos analisando com a camada histórica inadequada!

A CEGUEIRA TEÓRICA

«_Não podemos usar velhos mapas para descobrir novas terras._**»**

— **Gil Giardelli**

Há, hoje em dia, emoção demais e lógica de menos quando se procura compreender a Revolução Cognitiva Digital. Listo abaixo nossos principais problemas teóricos:

Percepção atual	Ajuste de percepção proposto
Comparamos a internet com fatos ocorridos há poucos anos, como se fosse um fenômeno Micro-Histórico;	Só podemos compreender a internet realizando uma análise histórica de séculos e milênios — ela é um fenômeno Macro-Histórico;
A internet é um fenômeno único;	A internet pode ser classificada como uma Revolução Civilizacional, tal como outras que já ocorreram na Macro-História, deflagrada a partir da introdução de um novo Modelo de Comunicação, o qual inclui uma nova linguagem humana;
A internet surge sem causa e consequências presumíveis;	A internet dá origem a um novo Modelo de Sobrevivência para o Sapiens, levando-o a lidar melhor com a Complexidade Demográfica Progressiva na faixa dos sete bilhões de habitantes;
Aumentos demográficos não são pertinentes para analisar o futuro;	O ser humano é a única espécie social[3] que vive sob a égide da Complexidade Demográfica Progressiva e, por causa disso, promove de tempos em tempos Revoluções Civilizacionais para superar macrocrises da espécie provocadas pelo aumento de Complexidade;
As mudanças no novo milênio serão pontuais, incrementais e vão se estabilizar ou voltar ao que eram antes;	As mudanças são disruptivas e dão origem à nova Era Civilizacional do Sapiens, que mudará completamente a Tecnossociedade humana;
Mudanças na Comunicação não alteram o Modelo de Administração;	Mudanças na Comunicação alteram o Modelo de Administração, pois permitem a descentralização das ideias e a distribuição das decisões;

---

[3] Espécies sociais são aquelas que vivem em grupos. Estou aqui descartando as que cada membro vive isoladamente.

Linguagens não mudam e não ficam obsoletas;	As linguagens, os códigos da comunicação ficam obsoletos, pois não conseguem mais ser a base para a solução dos novos e mais complexos problemas;
O novo milênio não traz uma nova linguagem;	A Linguagem dos Cliques é a grande novidade do novo milênio e a base para o sucesso das Organizações 3.0, tais como o Uber.

Trafegamos em meio à atual tempestade com o piloto automático ligado e vinculado a teorias obsoletas!

FOCO NO PALHEIRO E NÃO NA AGULHA

A Revolução Civilizatória Digital é fenômeno Macro-Histórico, pois tem causas e consequências seculares e/ou milenares. Abre e fecha longos ciclos humanos. Contudo, tem sido analisada em bases Hiper-Micro-Históricas, ou seja, relacionando-a a fenômenos sociais recentes demais, o que dificulta uma visão mais acurada.

Se, por exemplo, um cometa se aproximar da Terra, estudiosos da Cosmo-História serão convocados a opinar, uma vez que se trata de algo relacionado com a escala Macro-Histórica a que estão acostumados, pois o astro gira em torno do sol em viagens e ciclos que levam milhões ou mesmo bilhões de anos.

Alguns conflitos religiosos, como os do Oriente Médio, são abordados de forma mais eficaz pelos Meso-Historiadores, que lidam com problemáticas tribais mais antigas.

Um exemplo recente de escolha equivocada de camada para análise histórica é a comparação das manifestações de rua de 2013 e 2016 ocorridas no Brasil, com as promovidas por ocasião da campanha pelas *Diretas já* (1983/1984), ou as que defenderam o impeachment do Collor (1992).

É mais eficaz compará-las às primeiras revoltas da Reforma Protestante pós-Idade Média, por volta de 1500 na Alemanha, motivadas pela chegada da prensa tipógrafica, em 1450. Essas sublevações foram uma consequência direta da Revolução Civilizacional da Escrita Impressa, tal como se dá agora, quando passamos de um Ambiente de Comunicação Centralizado para outro, Descentralizado, decorrente da chegada de novas Tecnologias de Comunicação Descentralizadoras.

A Reforma Protestante, no início do século XVI, foi fenômeno social similar às manifestações deste novo século vistas no mundo todo e no Brasil.

Esses movimentos sociais representaram a transição de uma sociedade que transita de um Ambiente de Comunicação Centralizado para outro, descentralizado, em curto espaço de tempo. São fenômenos passíveis de comparação, mesmo que distantes no tempo, pois têm causa e consequências similares.

Assim, se não temos a camada histórica apropriada acabamos por tentar entender, no curto prazo, causas e consequências de longo prazo. E o cenário que vamos construir se torna cada vez mais inexato.

A figura abaixo procura demonstrar o equívoco dos estrategistas e cenaristas ao analisar a Revolução Civilizacional Digital:

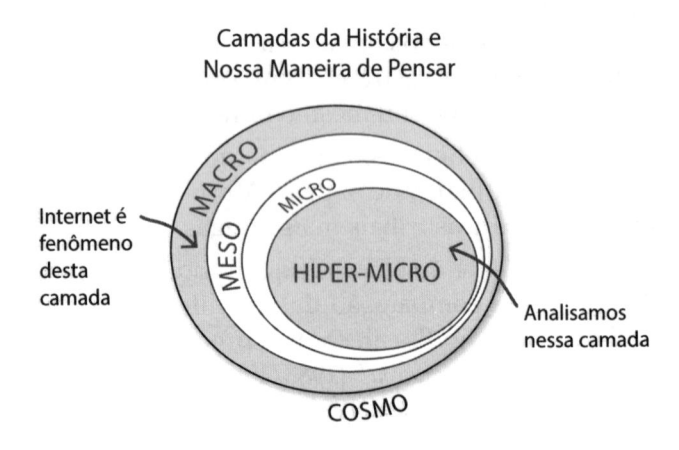

Eis um dos principais fatores para tanta cegueira teórica: olhamos para a agulha e não para o palheiro!

AS DIFERENTES CAMADAS

A tabela abaixo procura situar as diferentes Camadas da História para que possamos ter mais segurança ao analisar e estudar a atual Revolução Civilizacional Digital:

Camadas	Características	Escopo
Cosmo-História planetária e universal	Analisa a formação e movimento dos astros, o início e fim dos universos.	Milhões ou bilhões de anos.
Macro-História	Analisa a formação e movimento do Sapiens, o início e fim de civilizações, mudanças disruptivas biológicas, tecnológicas e/ou demográficas, **nas quais se incluem alterações nas formas radicais de pensamento, comunicação, linguagem e organização da sociedade.**	Milhares de anos ou vários séculos.
Meso-História	Analisa a formação e movimentos do Sapiens em camadas de tempo mais curtas.	Um século em particular ou algumas décadas.
Micro-História	Analisa a formação e movimento do Sapiens.	Uma década ou alguns anos.
Hiper-Micro--História	Analisa a formação e movimento do Sapiens.	Semanas, meses, ano.

Cada Camada Histórica é adequada para compreender fenômenos específicos a partir das causas e consequências que provocam ao longo do tempo.

Há fenômenos que têm causas mais, ou menos, restritas ou cujas consequências são mais, ou menos, duradouras.

Só é possível compreender com mais profundidade a Revolução Civilizacional Digital quando optamos pela Macro-História, que compreende ciclos (causas e consequências) mais amplos!

Muitos podem sentir algum desconforto com as análises feitas aqui com base em uma *timeline* (linha do tempo) maior, mas é nessa camada que teremos mais facilidade de compreender uma série de mudanças ora em curso.

Na figura abaixo tento demonstrar que fenômenos cíclicos de longo prazo precisam ser comparados no tempo adequado, pois causas e consequências estão distantes em diferentes camadas históricas.

Camadas da História — Causas e consequências

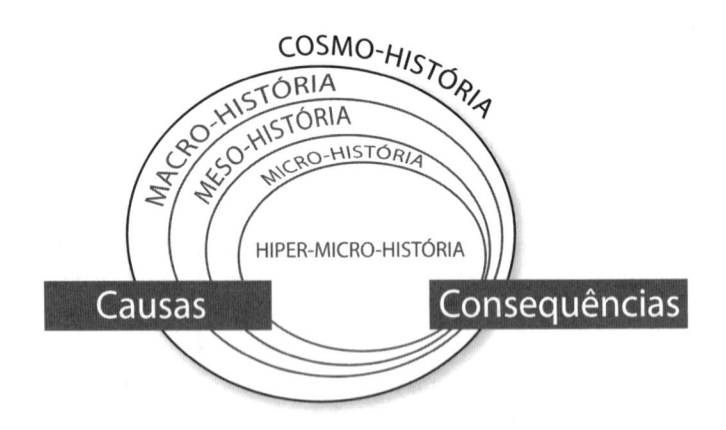

Assim:

- Quanto mais distantes estão as causas, mas difícil será perceber as consequências;
- E quanto mais distante a causa estiver da consequência, mais ampla tem de ser a análise histórica.

Portanto, se você desconhece a causa de algo, dificilmente poderá prever as consequências! Torna-se, então, uma loteria fazer prognósticos e criar metodologias e estratégias de ação adequadas.

2.2
REVOLUÇÕES CIVILIZACIONAIS

* * *

> SÍNTESE: quando mudamos
> a comunicação, mudamos
> toda a sociedade!

A COMPLEXIDADE DEMOGRÁFICA PROGRESSIVA

O primeiro e fundamental fator para compreender o novo milênio e as causas da atual Revolução Civilizacional Digital é o hipersalto demográfico que tivemos nos últimos 200 anos.

> "Somos a única espécie social do planeta que pode
> se expandir em tamanho de membros. Vivemos,
> sem saber, sob a égide do que iremos chamar
> Complexidade Demográfica Progressiva, tentativa
> de medir a sofisticação dos problemas humanos
> a partir do contínuo e permanente aumento
> demográfico."

Note que outras espécies NÃO crescem em tamanho de membros como nós, pois não podem criar tecnologias nem alterar a tecnocultura. Elas têm uma cultura genético-instintiva, que não pode ser recriada da mesma maneira como fazemos com a nossa.

O Sapiens é a única espécie animal social que NÃO TEM limites demográficos, pois consegue alterar a Tecnocultura ao longo da Macro-História!

Assim, se aumentamos o tamanho da população, elevamos a complexidade das demandas e precisaremos, NECESSARIAMENTE, atualizar as ofertas no mesmo patamar.

Não se vê, por exemplo, manadas ou bandos com milhares, ou milhões, de leões ou hienas conectados entre si no planeta.

Outras espécies, quando crescem em número de membros, precisam se dividir em grupos menores. Em razão disso vivem isolados um dos outros, com baixa ou nenhuma conexão.

O MODELO DA SOBREVIVÊNCIA

Toda espécie social tem, assim, um Modelo de Sobrevivência, que vai manter relação entre três elementos:

Elementos do Modelo de Sobrevivência	Descrição
Patamar de Complexidade Demográfica	Limite de capacidade de cada espécie em número de membros.
Modelo de Comunicação	Como as trocas de informação ocorrem entre membros, a partir das linguagens disponíveis.
Modelo de Administração	Coordenação de processos, a partir das possibilidades do Modelo de Comunicação.

Como vemos na figura abaixo:

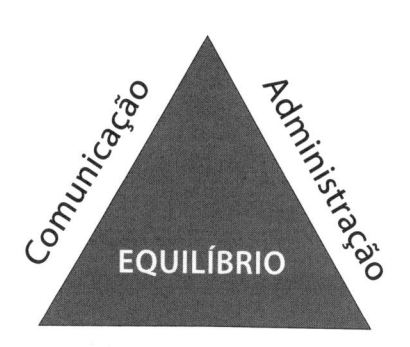

Complexidade
Demográfica

Note que há relação entre estes três elementos para que a sobrevivência possa estar em equilíbrio.

MODELOS DE SOBREVIVÊNCIAS

Modelos de sobrevivência podem ser fixos ou mutantes:

- O Modelo de Sobrevivência das outras espécies é muito mais fixo, baseado na genética e no instinto;
- O Modelo de Sobrevivência do Sapiens é muito mais mutante, baseado na Tecnocultura.

O Modelo de Sobrevivência Mutante nos coloca no Patamar de Complexidade Demográfica Progressivo, como vemos na tabela abaixo:

Modelos	Descrição
Sobrevivência Fixa	Não permite aumentos de Patamar de Complexidade Demográfica, pois é genético-instintivo.
Sobrevivência Mutante	Permite aumentos de Patamar de Complexidade Demográfica, pois é Tecnocultural.

Ao contrário do que sucede com as outras espécies, não temos um teto demográfico. E, por isso, precisamos inovar permanentemente!

O MODELO DE SOBREVIVÊNCIA MUTANTE

O Modelo de Sobrevivência Mutante promove mudanças como vemos na figura abaixo:

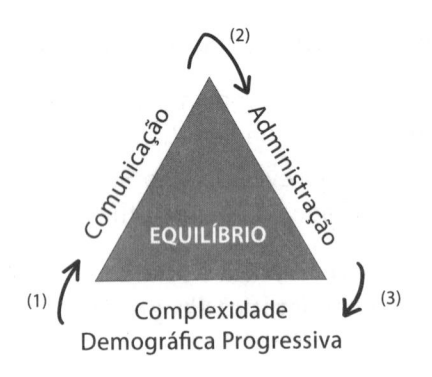

1. Há massificação de novas Tecnologias de Comunicação, incluindo nova linguagem, que permite que possamos alterar o Modelo de Administração;

2. Mudanças no Modelo de Administração abrem novo ciclo de aumentos demográficos;

3. Tais mudanças visam manter o Modelo de Sobrevivência Mutante do Sapiens em equilíbrio.

Assim, é possível deduzir que:

- Aumentos da população fazem com que se inicie um processo de desequilíbrio e latências por mudança no Modelo;

- Saltos demográficos passam a ser os primeiros indicadores de que haverá Macromudanças para o Sapiens ao longo do tempo;

- Ao surgirem novas Tecnologias de Comunicação Descentralizadoras teremos o início de Revoluções Civilizacionais.

Estamos, a partir dos fatos recentes, na fase de aprendizado desse movimento cíclico. No mapa a seguir procuro representar a trajetória do Sapiens, vista sob esse novo ângulo:

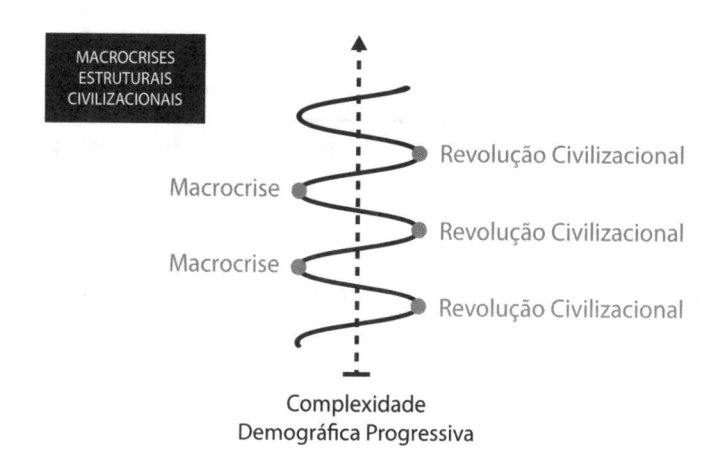

Complexidade Demográfica Progressiva

Macrocrises demandam inovações incrementais, radicais ou disruptivas no Modelo de Sobrevivência do Sapiens ao longo da Macro-História.

O HIPERSALTO DEMOGRÁFICO

Um dado de extrema relevância para compreender o novo milênio é o hipersalto demográfico ocorrido nos últimos 200 anos. O Sapiens, COMO NUNCA NA MACRO-HISTÓRIA, multiplicou em sete vezes a população, como vemos na figura abaixo[4]:

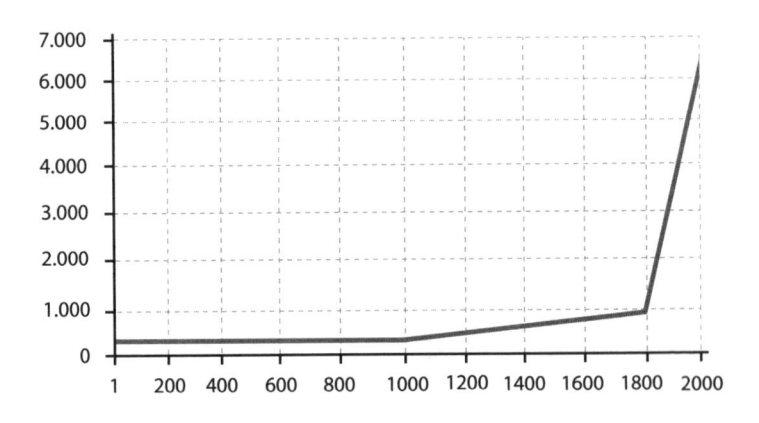

População Mundial na História
(valores em milhões)

No Brasil, a população saltou sete vezes em **100 anos**, como demonstra o gráfico a seguir[5]:

[4] Dados Nações Unidas.

[5] Dados IBGE — Instituto Brasileiro de Geografia e Estatística.

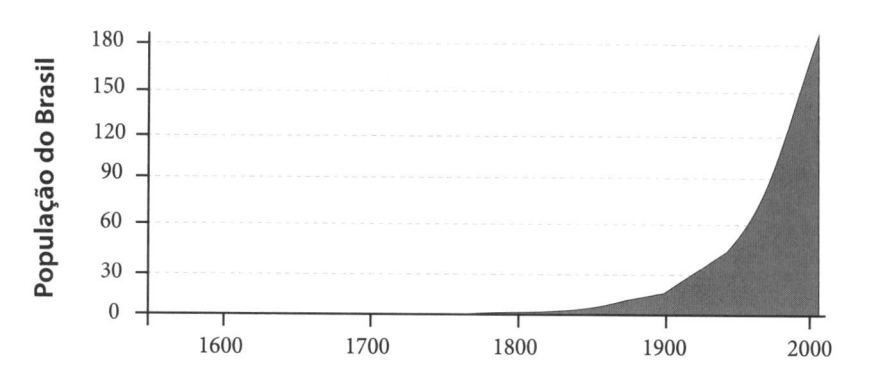

A VELOCIDADE DO HIPERSALTO DEMOGRÁFICO

O que há de inusitado no hipersalto demográfico contemporâneo não é apenas a quantidade, mas também a velocidade com o que o processo ocorreu. Vejamos como afetou três gerações da minha família, em comparação com os dados demográficos mundiais e brasileiros:

Minha família	População mundial[6]	População brasileira[7]
Meu avô nasceu em 1900	1,5 bilhões	30 milhões
Meu pai por volta de 1920	Dois bilhões	40 milhões
Eu em 1960	Três bilhões	80 milhões
Meus filhos no final do século passado	Sete bilhões	210 milhões

---

[6] Dados Nações Unidas

[7] Dados IBGE — Instituto Brasileiro de Geografia e Estatística

Como imaginar que a elevação tão rápida de tais números demográficos não iria gerar uma Macrocrise Civilizacional de grandes proporções, capaz de impactar fortemente e exigir mudanças, como estamos vendo agora?!

OS DOIS FATORES DA COMPLEXIDADE

Aumentos do Patamar de Complexidade Demográfica têm dois aspectos relevantes para projetar consequências no futuro: quantidade e diversidade, como vemos na tabela abaixo:

Fator impactante na complexidade	Descrição
Quantidade	Pode ser medida de forma homogênea, cada habitante é igual a um;
Diversidade	Não pode ser medida de maneira uniforme, pois são demandas variadas e aleatórias.

O dado relevante sobre o ser humano, diferentemente das outras espécies é, portanto, o fator diversidade.

A DIVERSIDADE ÚNICA DO SAPIENS

Outros animais são mais parecidos uns com os outros e têm geralmente os mesmos hábitos de consumo. Não há tanta diversidade na demanda.

Um leão, por exemplo, não precisa de tamanho de calça ou grau de óculos diferente dos demais. Assim, a complexidade do bando de leões pode ser fixada pelo número de membros, devido a certa homogeneidade entre eles.

Um Sapiens não é tão parecido com outro.

Há diferenças culturais, de idiomas, hábitos, costumes, gostos, o que requer particularizar a demanda e respectiva oferta, pois cada pessoa precisa de um tipo específico de vestimenta, por exemplo.

> *"Assim, o cálculo para se avaliar a complexidade humana **NÃO** pode ser fixado pelo número de membros, devido à heterogeneidade e diversidade."*

Quanto mais Sapiens no mundo, mais teremos que multiplicar quantidade por diversidade, o que torna o problema de demanda e oferta muito mais complexo quando ocorrem saltos demográficos.

Portanto, o salto de complexidade que tivemos de um para sete bilhões nos últimos 200 anos não pode ser calculado em apenas sete vezes!

O FATOR QUANTIDADE NA COMPLEXIDADE

O fator quantidade na complexidade pode ser medido de forma simples, tais como pratos de comida necessários para a sobrevivência de toda a espécie.

Observemos as duas tabelas abaixo:

No mundo	
Período	**Três pratos de comida diários por habitante**
1800 (Um bilhão de habitantes)	Três bilhões de pratos de comida diários
2017 (Sete bilhões de habitantes)	21 bilhões de pratos de comida diários

No Brasil	
Período	**Três pratos de comida diários por habitante**
1900 (30 milhões de habitantes)	90 milhões de pratos diários de comida
2017 (210 milhões de habitantes)	630 milhões de pratos diários de comida

É inegável que tais números vão impactar fortemente os setores produtivos, pois "pratos de comida" devem ser interpretados como a junção de várias outras demandas, tais como: educação, comunicação, transporte, saúde, habitação, saneamento, infraestrutura etc.

O FATOR DIVERSIDADE NA COMPLEXIDADE

"Pratos de comida" corresponde tão somente ao primeiro indicador para medir o aumento do grau de complexidade demográfico, pois há ainda:

- **Diversidade Objetiva** — tamanhos de roupas, sapatos, graus de óculos, o que implica maior complexidade na demanda e, respectivamente, na oferta;
- **Diversidade Subjetiva** — gostos, preferências, personalidades, o que também implica maior complexidade na demanda e, respectivamente, na oferta.

É preciso lembrar, ainda, que a complexidade se intensificará, pois não podemos dizer que o aumento de escala será igual para todas as organizações: um produtor de sapatos terá o desafio de, por exemplo:

- Definir que tipo de sapato fará;
- Quais as cores;
- Quantos pares;
- Para quais tamanhos de pés.

E isso deve ser feito de tal forma que não haja nem excesso nem sobra de sapatos.

A somatória dos dois fatores — Diversidade Objetiva e Subjetiva — eleva em proporções muito maiores o Patamar de Complexidade Demográfica, o que significa que teremos mais e mais Diversidade Objetiva multiplicada exponencialmente por mais e mais Diversidade Subjetiva.

Tal fato nos levará a compreender melhor a atual Macrocrise Civilizacional Contemporânea.

MACROCRISE CIVILIZACIONAL CONTEMPORÂNEA

Podemos dizer, assim, que quando aumentamos a população no planeta temos, pela ordem:

- Macrocrises produtivas;
- Macrolatências por mudanças;
- Demandas por Macroinovação.

Vivemos nos dias de hoje uma Macrocrise Civilizacional, que estava em estado de latência até a chegada da atual Revolução Civilizacional Digital. As novas Tecnologias de Comunicação Descentralizadoras permitiram que:

- Se abrisse espaço para que o consumidor/cidadão pudesse expressar latências pelos novos canais de comunicação descentralizados que foram disponibilizados;
- E que novas organizações surgissem, já se utilizando de novos recursos tecnológicos, para atender as latências já existentes com processos de melhor custo/benefício, resolvendo problemas complexos antes insolúveis.

Revoluções Civilizacionais permitem que Macrolatências comecem a ser resolvidas de uma nova maneira. E é por isso que ganham tanta adesão da sociedade.

A REVOLUÇÃO É PROPORCIONAL À MACROCRISE

Podemos deduzir, ao comparar quantidade e velocidade do hipersalto demográfico que:

" *Quanto maior for o salto demográfico no passado, mais disruptiva terá que ser a Revolução Civilizacional no presente!* "

Motivos:

- Maior será a latência;
- Maior será a demanda por soluções inovadoras;
- Maior será a adesão da sociedade às novas soluções.

Há um processo de ação e reação a ser comparado com aumentos no Patamar de Complexidade Demográfica e Revoluções Civilizacionais.

" Vivemos agora a maior de todas as Revoluções Civilizacionais, pois NUNCA havíamos crescido tanto, tão rápido e de forma tão interdependente em TODO o planeta.,,

Há um surto de inovação, a partir da Revolução Civilizacional Digital, para superar as latências que existiam no passado em face da explosão da complexidade.

O hipersalto demográfico explica o grau disruptivo das mudanças globais que estamos vivendo, pois os problemas complexos que temos exigem soluções completamente distintas daquelas que estávamos praticando.

- Assim, podemos dizer que o Sapiens não vai promover mudanças porque chegaram novas tecnologias;
- O Sapiens vai promover mudanças porque cresceu demais demograficamente e vai, agora, por causa das tecnologias, colocar para fora as latências acumuladas há tempos!

O que motiva o Sapiens a inovar é a solução de problemas que o afligem.

A tecnologia é apenas a ferramenta que viabiliza novas soluções!

A DESCENTRALIZAÇÃO PROGRESSIVA

É importante observar, assim, que o Sapiens, no longo prazo, lida com os problemas de aumento de Patamar de Complexidade Demográfica, através da descentralização da comunicação e distribuição das decisões.

" *Podemos dizer, portanto, que quanto mais complexo for o Planeta Sapiens, mais a comunicação terá que se descentralizar e as decisões serem distribuídas para que possamos, ao longo do tempo, viver com mais qualidade.*"

Foi o que fizemos na passagem da última Revolução Civilizacional do Feudalismo/Absolutismo para o Livre Mercado/República.

Aumentos do Patamar de Complexidade só permitem duas saídas sistêmicas:

- Centralização da Comunicação e da Administração;
- Descentralização da Comunicação e da Administração.

Vejamos na tabela um comparativo entre as duas alternativas:

Alternativas sistêmicas	Consequências	Período
Centralização da Comunicação e da Administração	Massificação da produção, redução da diversidade e da taxa de inovação. Haverá concentração das organizações e do poder político.	Curto espaço, pois a centralização gerará colapso produtivo e crescente insatisfação da sociedade por mais liberdade de ação.
Descentralização da Comunicação e da Administração	Descentralização da produção, aumento da diversidade, aumento da taxa de inovação, pulverização das organizações, incluindo poder político.	Longo espaço, pois a descentralização gerará novas alternativas produtivas e crescente satisfação da sociedade por ter mais liberdade de ação.

Temos que admitir que esse movimento em direção à descentralização da Comunicação e da Administração não é contínuo. Há recaídas pelo caminho, com avanços e recuos no tempo e em diferentes regiões.

Os movimentos centralizadores no século passado, tais como o comunismo, o nazismo, o fascismo, o mercantilismo (livre mercado concentrado) foram motivados por um misto de:

- Aumento demográfico;
- Ausência de alternativas tecnológicas para a descentralização.

Duraram apenas poucas décadas, pois esbarraram na incapacidade de lidar com problemas objetivos e subjetivos cada vez mais complexos da espécie.

> " A centralização das ideias e das decisões pode resolver o problema em curto espaço de tempo, mas apenas adia a Macrocrise Civilizacional do Sapiens, que só tem saída com Revoluções Civilizacionais, que viabilizam tecnologicamente a descentralização da comunicação e distribuição das decisões. "

Movimentos centralizadores são, assim, conjunturais, e só prosperam por curto período por falta de novas Tecnologias de Comunicação Descentralizadoras.

No passado tais mudanças eram mais lentas e a percepção de causa e efeito era menos evidente.

A DEMANDA POR AUTONOMIA DE PENSAMENTO

A base fundamental para a descentralização produtiva é a Autonomia de Pensamento, só possível com a chegada de novas tecnologias de comunicação descentralizadoras.

Do ponto de vista individual e subjetivo, uma Revolução Civilizacional promove gradativamente em cada indivíduo mudanças objetivas e subjetivas na Autonomia de Pensamento, preparando-o para decidir cada vez mais sobre cada vez mais coisas.

Veremos, ao longo do novo milênio, gradativa ampliação da Autonomia de Pensamento, possibilitando a cada indivíduo tomar decisões melhores diante da complexidade.

Não se poderia esperar, por exemplo, que logo após o final do período conhecido como Idade Média fosse viável surgirem as repúblicas, uma vez que seriam necessárias várias gerações de alfabetizados para que se pudesse imaginar um ambiente político em que o rei não fosse mais escolhido por Deus e sim pelas pessoas.

Houve um upgrade objetivo e subjetivo para que se pudesse chegar em ambiente mais descentralizado e distribuído.

No futuro, quando forem comparados o antes e o depois da Revolução Civilizacional Digital, nossos descendentes, do ponto de vista geral, participarão de forma mais ativa das decisões, pois terão determinadas habilidades que nós não tivemos, adquiridas a partir do uso das novas ferramentas de Comunicação e Administração mais descentralizadoras e distributivas.

AS TRÊS REVOLUÇÕES CIVILIZACIONAIS NO PASSADO

Na tabela a seguir mapeamos as três Revoluções Civilizacionais no passado:

Revolução Civilizacional	Período	Patamar de Complexidade Demográfica	Data
Pré-sapiens	Chegada e massificação da Linguagem dos Gestos, que permitiu nos diferenciar das outras espécies genéticas.	Poucos milhares	Sem data conhecida
1.0 (chegada da oralidade)	Chegada e massificação da Linguagem da Palavra Oral, que nos permitiu criar aldeias, deixar o nomadismo, domesticar animais, praticar a agricultura. Aqui criamos os primórdios da Gestão, com chefes tribais.	Poucos milhões	70 mil anos
2.0 (chegada da escrita)	Chegada e massificação do Canal de Comunicação Escrito e os Códigos (Linguagem da Palavra Escrita). Surgimento das religiões monoteístas, das grandes civilizações e, na segunda etapa, com a massificação da Escrita Impressa a partir de 1450, a sociedade moderna. Aqui aperfeiçoamos ainda mais a Gestão como forma central da Administração do Sapiens.	Até sete bilhões	Oito mil anos

(Continua)

(Continuação)

3.0 **(chegada dos cliques)**	Chegada e massificação da Linguagem dos Cliques. Aqui iniciamos a criação da Curadoria, nova forma mais sofisticada da Administração do Sapiens, que vem substituir a Gestão.	Acima de sete bilhões	A partir do final do século passado

Avançamos em forma de espiral ao longo de nossa caminhada, tendo como eixo central a Complexidade Demográfica Progressiva, como vemos na figura abaixo:

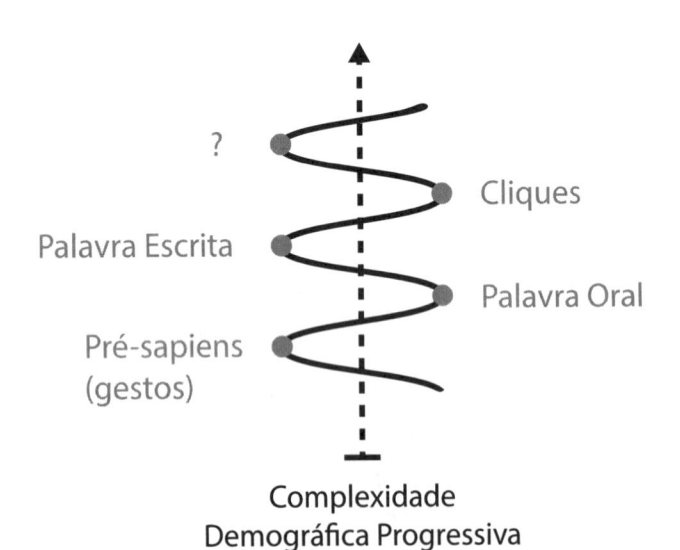

A ÚLTIMA REVOLUÇÃO CIVILIZACIONAL

A Revolução Civilizacional da Escrita, a mais próxima de nós, teve duas etapas, em termos de massificação de tecnologias:

- Escrita 1.0 — de uso mais restrito (de oito mil anos atrás até 1450);
- Escrita 2.0 — de uso mais amplo (de 1450 para cá), quando promovemos a massificação da leitura e da escrita para cada vez mais pessoas.

Vejamos com mais detalhes esta segunda etapa, na qual tivemos a Revolução da Comunicação e depois da Administração:

1. em 1450, em função de relativo aumento de densidade demográfica Pós-Idade Média, "*furando*" o Teto Demográfico vigente principalmente nas cidades, tivemos a Revolução Civilizacional da Escrita Impressa (segunda etapa), que barateou e massificou a obsoleta Escrita Manuscrita, antes restrita a poucos. Ali se iniciava o fim da Era da Escrita Manuscrita e o início da Era da Escrita Impressa;

2. de 1450 a 1800, passando pela Renascença e pelo Iluminismo, tivemos a Revolução Cultural Moderna (que inclui as Revoluções Científica e Industrial) que estruturaram as bases da Sociedade Moderna e Contemporânea, algo impensável sem a circulação de ideias, via escrita impressa;

3. em 1800, depois de longo período de maturação, consolidamos o ciclo das Revoluções Liberais: Inglesa (1640), Americana (1776) e Francesa (1789). Criamos um ambiente social mais sofisticado com a república, o livre mercado e uma nova relação trabalhista patrão/empregado, bem distinta em comparação à existente na monarquia, feudalismo e escravidão. Tais mudanças estruturais em sociedades mais abertas, descentralizadas

e participativas, se comparadas às anteriores, permitiram a Revolução Demográfica dos últimos 200 anos, quando saltamos de um para sete bilhões.

Não haveria Revoluções Culturais, Sociais, Industriais, das Ciências, nem explosão de um para sete bilhões de habitantes nos últimos 200 anos, sem a Revolução Civilizacional da Escrita, cuja segunda fase foi iniciada em 1450, com a chegada da prensa tipográfica, consolidada por mudanças sociais que levaram 350 anos.

Observe, novamente, o gráfico do salto demográfico abaixo que reforça essa afirmativa:

População Mundial na História
(valores em milhões)

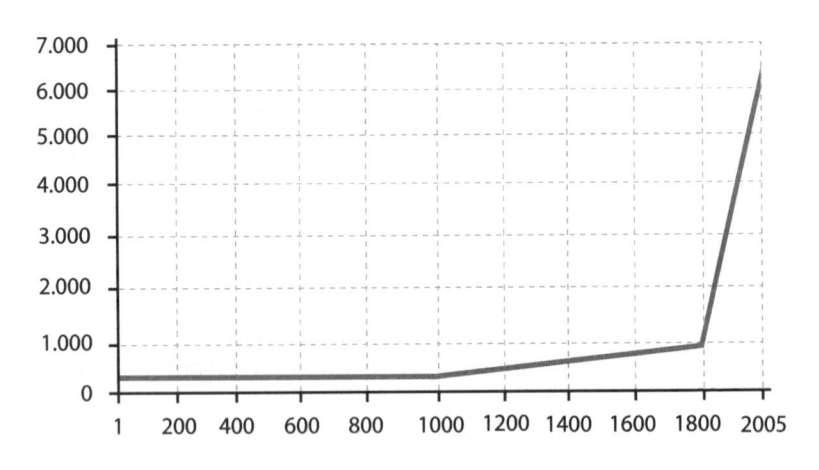

Note que:

- A massificação do novo Modelo de Comunicação ocorreu a partir de 1450 e as mudanças sociais só se consolidaram 350 anos depois, como o que podemos chamar de Revolução Administrativa, descentralizando a Gestão;

- O impacto que o modelo República/Livre Mercado/ Relação patrão e empregado teve na explosão demográfica global, a partir de 1800;

- Em 1800, depois do fechamento dos ciclos das Revoluções Liberais, no qual o trio monarquia absoluta/feudalismo/ escravidão foi superado pelo surgimento da república/ livre mercado/relação patrão–empregados nos países responsáveis pela maior parte da coordenação da produção, tivemos o salto demográfico que se seguiu.

A chegada da prensa tipográfica, em 1450, passou despercebida e até hoje é ignorada pelos historiadores da Micro e Meso-História, que preferem, sem motivos consistentes, demarcar a chegada da Sociedade Moderna a partir da queda de Constantinopla, em 1453.

A maior parte dos historiadores ignora, por mais absurdo que pareça, o fato que realmente fez a grande diferença para a sociedade moderna: a Revolução Civilizacional da Escrita (segunda fase) que se iniciou na mesma época — apenas três anos antes.

O estudo da história está também ainda intoxicado pelo conceito do Sapiens Tecnopuro, por isso ignora o relevante papel das mudanças das tecnologias, que nos trazem a demanda por Revoluções Civilizacionais cíclicas.

AS DUAS FASES DA REVOLUÇÃO CIVILIZACIONAL DIGITAL

Se analisarmos as Revoluções Civilizacionais do passado podemos observar que ocorrem dois movimentos, nem sempre tão simultâneos como agora:

- **Revolução da Comunicação** — na primeira etapa, há a chegada de novas tecnologias, que nos permitem criar novo ambiente de comunicação e nova linguagem, com a respectiva descentralização das ideias. Tal ambiente viabiliza maior consumo/produção de informação de cada cidadão/consumidor na sociedade. Há forte empoderamento de informação de cada cidadão/consumidor, o que abre espaço para a Revolução da Administração, que vem logo a seguir;

- **Revolução da Administração** — na segunda etapa temos um gradual aumento da taxa de distribuição das decisões, que permite maior participação de cada cidadão/consumidor na vida coletiva. O objetivo é a maior eficácia na tomada de decisões em um mundo do Sapiens cada vez mais demograficamente complexo.

Ambos os movimentos giram em torno de um eixo central: melhorar a forma como resolvemos problemas que surgiram e surgem em função do aumento da Complexidade Demográfica Progressiva dos últimos 200 anos.

Veremos agora outro aspecto relevante da Revolução Civilizacional Digital: estamos imitando o Modelo de Sobrevivência das formigas para resolver nossos problemas complexos.

2.3
DOS MAMÍFEROS PARA OS INSETOS

* * *

SÍNTESE: O Uber é muito parecido com um formigueiro!

A MUTAÇÃO DO SAPIENS

Tenho afirmado em palestras que estamos passando do mundo dos mamíferos para o das formigas. Talvez essa seja uma das minhas afirmações mais ousadas.

Porém, quando olho para o Waze ou o Uber só consigo ver similaridade com o Modelo de Sobrevivência das formigas, não tem jeito.

Observo pessoas com celulares e GPS, deixando rastros químicos online, como se fossem feromônios, em um processo de colaboração coletiva exatamente igual a um formigueiro.

Mamíferos não fazem isso.

- Mamíferos se organizam principalmente por ruídos/sons;
- Precisam de líderes-alfa para organizar os bandos;
- E os rastros químicos, quando utilizados, são secundários e não a linguagem principal de sobrevivência.

" *A migração do Modelo de Sobrevivência dos Mamíferos para o dos Insetos é, a meu ver, o aspecto mais disruptivo e inusitado da atual Revolução Civilizacional Digital.* "

Começamos, sem perceber, a experimentar o Modelo de Sobrevivência das formigas, eliminando os líderes-alfa e criando o que vou chamar de Lideranças Contextuais.

O motivo é simples.

Hoje, temos a Complexidade Demográfica das formigas, mas estamos utilizando o Modelo de Sobrevivência dos Tamanduás.

Não existe explicação mais simples e clara para a Macrocrise Civilizacional Contemporânea.

AS DUAS LINGUAGENS

Já vimos que a Complexidade Demográfica define o tipo de Modelo de Sobrevivência de cada espécie, mas vamos detalhar agora o papel das linguagens para entender a principal disrupção que está em curso no novo milênio.

O DNA do Modelo de Comunicação de qualquer espécie é baseado em códigos/linguagens.

Bandos sociais sobrevivem porque os membros trocam informações um com os outros por intermédio de determinados códigos/linguagens, que permitem que sejam tomadas decisões sobre acasalamento, avisos de perigos, oportunidade de comida etc. Podemos apontar dois tipos de Linguagem das Espécies Sociais, como vemos na tabela a seguir[8]:

---

[8] Não vou inserir aqui a linguagem "telepática", como a dos morcegos e golfinhos.

Tipos de Linguagem	Características
Sonora	Limitação de tempo e lugar. Demanda por um líder-alfa. Utilizada por espécies com baixa densidade demográfica.
Química	Sem limitação de tempo e lugar. Sem líder-alfa. Utilizada por espécies com alta densidade demográfica.

OS DOIS TIPOS DE ESPÉCIE: SONORA E QUÍMICA

Note que espécies com menor número de membros se organizam por sons, e as de maior número desenvolveram códigos químicos de comunicação. Podemos, assim, criar classificação de espécies relacionando demografia e linguagens, como na tabela abaixo:

Espécie	Característica	Patamar máximo de Complexidade Demográfica
Sonora	Maior limitação geográfica, pois Linguagens Sonoras exigem que a espécie ocupe um perímetro menor e demande líderes mais fixos para receber e emitir o ruído de tomada de decisão, a ser escutado pelos demais. Modelo de Sobrevivência da Espécie (Comunicação e Administração) com ordens de comando centralizado.	No máximo, Milhares

(Continua)

(Continuação)

Química	Mais comum entre insetos — menor limitação geográfica, pois Linguagens Químicas permitem que a espécie ocupe um perímetro maior e dispensa a demanda por líderes fixos para as tomadas de decisão. Modelo de Sobrevivência da Espécie (Comunicação e Administração) com ordens de comando distribuído.	Milhões ou bilhões

O MODELO DAS ESPÉCIES QUÍMICAS

Do ponto de vista da complexidade, as Espécies Químicas têm um Modelo de Sobrevivência mais adequado para milhões ou bilhões de membros. Espécies Químicas baseiam o Modelo de Sobrevivência em Linguagens Químicas e Lideranças Contextuais.

Característica	Detalhes
Linguagens Químicas	Permitem comunicação e decisões distribuídas.
Lideranças Contextuais	Cada membro tem autoridade em determinado contexto a partir daquilo que pode oferecer a cada momento para o todo.

Tal linguagem permite que se possa ultrapassar determinada quantidade de número de membros, pois a Linguagem Química não exige interpretação, processamento e tomada de decisão por um líder-alfa central.

Ela é executada individualmente pelos membros em suas ações cotidianas através de Lideranças Contextuais. Uma formiga, por exemplo, em suas caminhadas fora do formigueiro, pode se deparar com um alimento e, em função disso, "marca" um determinado trajeto com feromônios avisando todas as companheiras.

A formiga não **É** autoridade na determinação dos caminhos, mas **ESTÁ** autoridade, pois descobriu algo naquele específico contexto que ajuda os demais.

Espécies Químicas não precisam de líderes-alfa para interpretar sons e decidir, pois cada membro assume Liderança Contextual caso tenha algo que possa contribuir com o todo.

No Modelo de Sobrevivência das formigas não há espaço para um líder-alfa centralizador, o que levaria o formigueiro ao caos devido ao enorme número de membros e respectiva complexidade.

LINGUAGENS HUMANAS

A linguagem humana, diferentemente da dos outros animais, é tecnoevolutiva. Avança e muda quando temos:

- Aumento de complexidade, que cria latências por mudanças;
- E novas Tecnologias de Comunicação, que permitem a chegada de nova linguagem.

Podemos dizer que:

> " *O Modelo de Sobrevivência do Sapiens é, portanto, concebido dentro dos limites do Modelo de Comunicação e das linguagens existentes, que determinam o Modelo de Administração. Ninguém administra nada, controla nada, resolve nada sem se comunicar. E ninguém se comunica sem linguagens.* "

As linguagens, portanto, são os códigos da comunicação e a base para o Modelo de Administração de todas as espécies .

A Gestão, o modelo atual hegemônico de Administração do Sapiens, foi estruturada nos limites do que era possível de ser feito com as linguagens atuais.

Esse é o aspecto mais relevante para entender o novo milênio.

A Linguagem dos Cliques abre a possibilidade de deixarmos "Rastros Químicos" via digital, o que nos permite utilizar em larga escala o Modelo de Sobrevivência das Espécies Químicas, como o das formigas.

Uma Tecnoespécie como a nossa é capaz de tal proeza, pois tem o Modelo de Sobrevivência Mutante.

A OBSOLESCÊNCIA DAS LINGUAGENS HUMANAS

Podemos dizer então que, conforme avançamos na Complexidade Demográfica Progressiva, as linguagens que eram principais passam a ser secundárias no processo decisório.

- A palavra falada fez isso com os gestos;
- A escrita, de certa forma, fez isso com a palavra oral;
- E os cliques estão fazendo o mesmo com as palavras oral e escrita.

Assim, não se pode estranhar quando afirmamos que é a Linguagem dos Cliques que permite ao Uber, por exemplo, administrar milhares de motoristas sem recorrer a gerentes.

Como?

O Uber e similares já estão utilizando o Modelo de Sobrevivência das Espécies Químicas, no qual não existe a figura do líder-alfa, mas a dos Líderes Contextuais!

Todos informam tudo sobre todos!

Estamos fazendo com a Linguagem da Palavra (oral e escrita), o que já fizemos antes com a dos Gestos: colocando-a em segundo plano para ter mais facilidade para administrar os problemas complexos do novo milênio.

Nossa espécie já tinha o perfil das formigas em tamanho de membros, apenas não tinha um Modelo de Sobrevivência similar.

É o que começamos a fazer agora.

Sim, continuamos gesticulando, falando, escrevendo, lendo, mas tais linguagens, que já foram o epicentro do Modelo de Sobrevivência do Sapiens estão passando a ter um papel secundário!

As antigas linguagens, assim, perdem capacidade de ser o epicentro da espécie, de nos ajudar a resolver determinados problemas e, por causa disso, tornam-se obsoletas!

NOVA LINGUAGEM, NOVA CIVILIZAÇÃO!

A sociedade, assim, terá o rosto das linguagens de plantão, as quais abrem novas portas para a espécie agir de determinada maneira, algo impossível no passado.

Tudo que é novo e resolve problemas antes insolúveis gera valor e é essa a grande macrotendência do milênio.

- Do ponto de vista biológico: a passagem do Sapiens de Espécie Sonora para Química;
- Do ponto de vista administrativo: a passagem da Gestão para a Curadoria.

Podemos dizer assim que:

- A linguagem oral viabilizou os primórdios da Gestão, com as aldeias e chefes tribais permitindo o gerenciamento de processos e a ordenação de pessoas de forma mais sofisticada;

- A linguagem escrita permitiu o surgimento das grandes civilizações, dos impostos, exércitos, religiões monoteístas, todas baseadas em livros como: Torá (Judaísmo), Bíblia (Cristianismo) e Alcorão (Islamismo).

Assim, só podemos falar em novas Eras Civilizacionais se tivermos nova linguagem, uma que permita um novo Modelo de Sobrevivência, mais descentralizado e distribuído.

NOVO CICLO CIVILIZACIONAL

Quando introduzimos nova linguagem na sociedade, o Sapiens abre novos Ciclos Civilizacionais, pois com a nova linguagem torna-se possível descentralizar o Modelo de Sobrevivência para que haja:

- Mais transparência;
- Valorização do cidadão/consumidor;
- Aumento de trocas horizontais, ampliando a relação e a confiança entre desconhecidos;
- Quebra de antigos processos de intermediação, tanto de ideias quanto de produtos e serviços;
- Aumento, no longo prazo, da Autonomia de Pensamento;
- Possibilidade de decisões mais descentralizadas;
- Mais velocidade de decisões com mais participação.

Tais mudanças abrem novos Ciclos Civilizacionais, que permitem promover Macroajustes, antes impossíveis com o Modelo de Sobrevivência anterior mais centralizado e controlado, com os limites das linguagens existentes.

A LINGUAGEM DOS CLIQUES

Quando olhamos o Uber e uma Cooperativa de Táxi podemos dizer que estamos olhando dois Modelos de Sobrevivência de dois tipos de Espécies diferentes:

- **Gestão** — na cooperativa de táxi temos o modelo típico de Espécie Sonora, mamífera, em que há um líder-alfa e todas as interações se utilizam da Linguagem de Ruídos, oral e escrita, para coordenar os processos e tomar decisões;
- **Curadoria** — no Uber temos o modelo típico de Espécie Química, insetos, em que há Líderes Contextuais que se utilizam da Linguagem Química dos Cliques para coordenar os processos e tomar decisões.

Estamos diante de dois Modelos de Sobrevivência de duas espécies diferentes que se organizam de forma distinta.

- No Uber temos o Modelo de Administração das Espécies Químicas da Curadoria;
- Na cooperativa de táxi temos o Modelo de Administração das Espécies Sonoras da Gestão.

O Uber, assim como todas as Organizações 3.0, tem como grande novidade:

- O uso intenso da Linguagem dos Cliques como epicentro do Modelo de Sobrevivência Mutante do Sapiens.
  Não é, assim, um novo modelo de negócio, mas de Comunicação e Administração;
- A constituição de um novo Modelo de Sobrevivência, a Curadoria, só possível com o uso intenso dessa nova linguagem.

Tais facilidades iniciam um processo de:

- Redução da necessidade das antigas intermediações, estruturadas sobre as linguagens orais e escrita — base da Gestão;
- Trocas de ideias, produtos e serviços entre desconhecidos, com alta taxa alta de confiança e relevância, alterando as bases da antiga sociedade 2.0, toda estruturada nas limitações Tecnoculturais existentes.

Clicando estamos nos comunicando de forma mais ampla e decidindo coletivamente como nunca pudemos fazer anteriormente!

DOS MAMÍFEROS PARA AS FORMIGAS!

Como nós crescemos em tamanho, começamos, com a Linguagem dos Cliques, a migrar de Espécie Sonora para Espécie Química.

Trata-se de uma mudança disruptiva, a maior que tivemos até aqui na Macro-História, uma vez que podemos, agora, alterar profundamente o Modelo de Sobrevivência do Sapiens.

- **Modelo de Sobrevivência do Sapiens Sonoro —** demanda por gestores, Gestão, centralização das decisões baseada na Linguagem Oral e Escrita. Limitações cada vez mais evidentes com o aumento do Patamar de Complexidade Demográfica;
- **Modelo de Sobrevivência do Sapiens Químico —** demanda por curadores, Curadoria, distribuição das decisões baseada na Linguagem dos Cliques. Superação das limitações anteriores e capacidade de lidar com mais eficácia com o novo Patamar de Complexidade Demográfica.

Neste momento, com a chegada da Revolução Civilizacional Digital deixamos de ser uma espécie fortemente baseada em sons (orais e escritos) e começamos, bem recentemente, a passagem para um modelo de trocas mais próximo das espécies com numerosos membros, que usam mais os rastros sem ruídos, como as formigas.

> " *Dessa maneira, conseguimos entender melhor modelos como os do Uber, pois passamos a poder administrar processos complexos de maneira completamente diferente!* "

Estamos hoje, assim, em meio a uma passagem disruptiva, talvez fechando um ciclo de 70 mil anos, quando passamos dos gestos (espécies bem primitivas) para os sons (mais sofisticadas), quando adotamos a Gestão como base para o nosso modelo.

A NOSSA CAMINHADA MUTANTE

Com essas premissas, podemos estabelecer um paralelo na Macro-História do Sapiens entre perfil demográfico, modelo de administração, similaridade com outras espécies e Eras Civilizacionais.

Perfil Demográfico	Modelo De Sobrevivência	Similaridade Com Outras Espécies	Era Civilizacional
Baixa densidade (Até milhões)	Chefes de aldeias (Gestão primitiva)	Pequenos agrupamentos de mamíferos (Linguagem/Espécie Sonora)	Gestual, Oral

(Continua)

(Continuação)

Média densidade (até bilhão)	Reis e Imperadores (Gestão)	Bandos maiores de mamíferos (Linguagem/Espécie Sonora)	Oral e Manuscrita
Média para alta densidade (Até sete bilhões)	Primeiros Ministros e Presidentes (Gestão)	Grandes manadas (Linguagem/Espécie Sonora)	Eletrônica
Alta Densidade (Mais de sete bilhões)	Curadores (Curadoria)	Insetos (Linguagem/Espécie Química)	Digital

O século XXI marcará a chegada da nova Civilização 3.0, na qual vamos experimentar a migração do antigo modelo da Gestão (Espécie Sonora) para a Curadoria Digital (Espécie Química).

A DIFÍCIL PASSAGEM

Se as premissas deste livro se mostrarem consistentes no tempo, haverá uma difícil passagem para uma nova condição Tecnocultural no novo milênio, pois estamos, pela ordem, promovendo a mudança do Modelo de Sobrevivência que inclui:

- A linguagem;
- O Modelo de Comunicação;
- O Modelo de Administração.

Note bem que o novo Modelo de Sobrevivência de Espécie Química é uma mudança administrativa disruptiva, já que, em curto espaço de tempo, deixamos de necessitar de gestores e passamos a contar com curadores.

Obviamente, toda a atual Tecnocultura da Gestão está baseada no modelo anterior, o que implica profunda alteração de:

- Mentalidades;
- Interesses;
- Estruturas de Poder;
- Processos;
- Modelos de Organização;
- Legislação.

A meu ver é desse tamanho o desafio a ser enfrentado pelos Líderes Estratégicos no novo milênio.

Em outras palavras, esse desafio consiste em compreender, aceitar, incorporar e passar a ser agente de disseminação da nova Tecnocultura.

CONCLUSÃO DO CAPÍTULO II

Segue abaixo uma síntese dos paradigmas teóricos aqui propostos para entender a atual Revolução Civilizacional Digital:

- A internet veio com a intenção de promover o reequilíbrio do Modelo de Sobrevivência do Sapiens a partir do hipersalto demográfico dos últimos 200 anos;
- Aceite a ideia de que novas Linguagens criam nova Civilização;
- Admita que, quando temos mudanças na comunicação e na linguagem, podemos recriar o Modelo de Sobrevivência, incluindo ainda a hipótese de migração de uma espécie para outra.

Assim se conscientizando, você terá mais facilidade para se adaptar às mudanças de paradigma que o Capítulo III trará ao defender estratégias e metodologias mais eficazes diante da Revolução Civilizacional Digital.

PARTE III

INOVAÇÃO 3.0

SÍNTESE: É preciso área de inovação separada para experimentar nova cultura!

3.1
OS ERROS ESTRATÉGICOS DIANTE DO DIGITAL

* * *

SÍNTESE: Tamanduás não falam a língua das formigas!

A CEGUEIRA METODOLÓGICA

❝ *Insanidade é continuar fazendo sempre a mesma coisa e esperar um resultado diferente.***❞**

— *Albert Einstein*

Há, hoje em dia, emoção demais e lógica de menos quando se procura agir diante da Revolução Cognitiva Digital. Listo na tabela a seguir nossos principais problemas metodológicos:

Percepção atual	Ajuste de percepção proposto
Gestão e Administração são sinônimos;	Gestão é o Modelo Administrativo que as linguagens oral e escrita nos permitiram criar. Hoje, com a nova Linguagem dos Cliques, estamos experimentando a Curadoria, novo Modelo Administrativo, mais sofisticado do que o atual;
Os Ubers são novos modelos de negócio;	Não, os Ubers são novos Modelos de Administração, que se utilizam da nova Linguagem dos Cliques;
O Mundo Digital é um modismo tal como já ocorreu com a Reengenharia, Gestão do Conhecimento e Qualidade Total. Não é obrigatório, é opcional;	Não, o Mundo Digital é mudança civilizacional, que está além do controle das organizações. Traz profundas mudanças de hábitos do cidadão/consumidor e novos concorrentes que se utilizam da Curadoria. Veio para ficar e mudar radicalmente a sociedade. Não é opcional, é obrigatório;
Se eu apostar na melhoria incremental ou mesmo radical da Gestão consigo me manter competitivo;	Não, pois são dois Modelos Administrativos que nascem de Ambiente de Comunicação, linguagem e cultura diferentes e incompatíveis. É preciso criar área separada para atuar nas duas frentes para reduzir riscos e ampliar oportunidades;
Projetos de inovação eficazes são aqueles que melhoram processos, produtos e serviços que já tenho;	Projetos de inovação eficazes são aqueles que melhoram processos, produtos e serviços que já tenho na Gestão, mas criam TAMBÉM área separada para experimentar a Curadoria;
O principal problema da organização é de Tecnologia;	O principal problema atual das organizações tradicionais é de mentalidade. Temos que deixar de pensar como gestores e passar a curadores em curto espaço de tempo;

Precisamos melhorar a comunicação e a colaboração interna e externa;	A Gestão tem limites claros da capacidade de gerenciar a participação e estabelecer diálogos de fora para dentro e de baixo para cima. As tentativas têm gerado alto custo e baixo resultado;
Sem gestores e sem Gestão as organizações não terão coordenação de produtos e serviços;	A Curadoria e Curadores promovem nova forma de coordenação de produtos e serviços, mais descentralizada e distribuída, a qual propicia maior velocidade nas decisões com muito maior participação a baixo custo, o que aumenta a diversidade e o engajamento do cidadão/consumidor em torno da Organização.

Trafegamos pela atual tempestade com piloto automático ligado e vinculado a estratégias e metodologias obsoletas!

CADÊ O VALOR QUE ESTAVA AQUI?

Organizações tradicionais estão se expondo à perda gradativa de valor e algumas ao fechamento, pois **NÃO** têm dado a importância devida ou compreendido a Revolução Civilizacional Digital em curso.

- Acreditam que é uma gripe, em vez de uma pneumonia!
- Estão tomando xarope em vez de antibióticos!

Há hoje no mercado a Administração 3.0, mais dinâmica, que tem conseguido ocupar cada vez mais espaço e destronar antigos líderes. As estratégias organizacionais AINDA estão sendo elaboradas para um cenário futuro incremental e não disruptivo.

Tais organizações acreditam que a atual Revolução Civilizacional Digital é mais um entre tantos movimentos já conhecidos no mercado.

❝ *Não conseguem perceber que o Modelo de Sobrevivência do Sapiens está em mutação e isso terá impacto profundo em TODOS os setores da sociedade.***❞**

Os projetos de inovação nas Organizações Tradicionais, portanto, carecem de revisão filosófica e teórica mais consistente, pois estão alheios às principais forças que estão e provocarão mudanças no amanhã.

Projetos de inovação, desse modo:

- São feitos de dentro para dentro;
- Visam melhorar a Gestão, como se não existisse a Curadoria;
- Não imaginam que a Civilização está em processo de mudança disruptiva.

Fazem-nos lembrar daquela orquestra tocando, enquanto o Titanic naufragava!

Além disso, as organizações tradicionais se acostumaram com:

- O controle do mercado e dos consumidores;
- Modelos estratégicos que alinhavam expectativas com os principais concorrentes para permanecerem competitivas.

Esse tempo passou.

Os resultados esperados nos projetos de inovação tradicional não têm conseguido produzir competitividade em um mercado cada vez mais dinâmico e repleto de Organizações 3.0, embaladas pelas asas da Curadoria.

Ajustes são necessários.

MUNDO DIGITAL NÃO É MODISMO!

É bem comum perguntarem se todos os ajustes diante do Mundo Digital não seriam mais um "modismo" administrativo, tal como se passou em décadas recentes com a Reengenharia, Gestão de Conhecimento ou Qualidade Total.

De fato, nas últimas décadas, as organizações, estimuladas por Consultorias Administrativas Tradicionais, viram-se diante da decisão de abraçar ou não diversas metodologias criadas do mercado para o mercado.

O raciocínio era que se o concorrente tinha adotado, havia sinal verde para implantar também.

Hoje, o cenário é **COMPLETAMENTE** diferente:

- Não são as Consultorias Administrativas que trazem a Curadoria, ela é impulsionada por novos empreendedores;
- A mudança não se dá em concorrentes conhecidos, mas nos novos e desconhecidos que praticam o novo modelo administrativo;
- A mudança não é opcional, mas obrigatória, pois o consumidor/cidadão lá fora não é mais o mesmo.

Vivenciamos hoje uma mudança civilizacional, na qual o mercado, o cidadão/consumidor e os concorrentes não seguem mais a mesma lógica conhecida das décadas passadas.

Há novos hábitos, novas demandas, novo perfil de consumo, pois, como vimos nos Capítulos I e II, estamos diante de macrofenômenos que modificam por completo as regras do jogo ou — se quiserem — propõem um novo jogo.

Há evidente mudança de paradigma para as novas gerações, que formam e formarão o mercado futuro. As estratégias e metodologias das organizações tradicionais, assim, precisam adequar-se a um amanhã disruptivo e não incremental.

FRACASSOS ESTRATÉGICOS

Olhando para o passado recente, nota-se que muitas organizações tradicionais, tais como a que atuavam nos setores da Música, do Turismo, da Mídia, dos Transportes de passageiros, entre outras, perderam radicalmente valor e competitividade.

" *Se analisarmos com cuidado, em cada um desses fracassos estratégicos recentes pode-se apontar um e apenas um grande equívoco: não conseguiram compreender os efeitos da Revolução Civilizacional Digital e seus impactos nos respectivos mercados.* "

A análise utilizada para prognosticar o futuro foi indutiva e não dedutiva. Detalho a diferença na tabela abaixo:

Análise organizacional	Detalhamento	Adequação
Indutiva	Baseada em fatos, pesquisas, conversas, dados dentro do mesmo paradigma filosófico e teórico.	Ideal para cenários estáveis e conhecidos. Projeção de curto prazo.
Dedutiva	A partir de revisões filosóficas e teóricas das principais forças desconhecidas, que trazem instabilidade para o ambiente, observam-se novamente os fatos.	Ideal para cenários instáveis e desconhecidos. Projeção de médio e longo prazo.

ANÁLISE ORGANIZACIONAL DEDUTIVA

A Análise Dedutiva é bastante **INCOMUM** nas organizações tradicionais, pois nunca foi necessária.

> *"Estrategistas estão viciados em produzir cenários baseados em fatos sem rever os paradigmas e é esse o principal equívoco, que permitiu que tantas organizações perdessem valor tão rapidamente diante do Mundo Digital.*

Organizações, de fato, já tiveram de lidar no passado com mudanças de cenário de diferentes tipos. Porém, estamos diante do rompimento do próprio modelo administrativo e isso é completamente novo e inusitado.

Erros estratégicos são justificáveis, mas não a insistência neles.

O cenário futuro exige esforço não usual para compreensão e ação.

É preciso superar os desafios do novo cenário, pois se determinadas Organizações 3.0, praticantes da Curadoria, entrarem no mercado que a organização tradicional atua, a perda de valor será radical e rápida.

É preciso agir com sabedoria a fim de superar os erros que várias organizações cometeram diante da uberização do respectivo mercado.

A ESTRATÉGIA DE CAMPOS DO JORDÃO

A maior parte das estratégias organizacionais são elaboradas no final do ano nas pousadas em cidades similares a Campos do Jordão.

(Nada contra a cidade tão simpática.)

O trabalho é relativamente simples e executado da mesma forma há décadas: revisão incremental do plano estratégico do ano passado.

É mais uma ocasião de festa do que de trabalho.

Faz-se alguma atualização em função de mudanças incrementais do mercado e se segue para o próximo ano como se tudo estivesse normal e dominado.

Imagino que algo assim tenha ocorrido com cooperativas de táxi, quando resolveram investir em projetos de inovação tradicionais, antes dos aplicativos e do Uber.

Vejamos quais devem ter sido as resoluções estratégicas de final de ano das cooperativas de táxi em Campos do Jordão:

- Melhorar as tecnologias dos callcenters;
- Treinar telefonistas com fonoaudiólogos;
- Criar plano de financiamento para melhoria dos rádiocomunicadores dos veículos.

Ninguém imaginou que em poucos anos apareceriam primeiro os aplicativos de táxi e depois o Uber. Algo que acabaria completamente com o valor das "luvas" das cooperativas, bem como, no médio prazo, da própria autonomia dos táxis.

Todo o esforço da estratégia incremental, baseada em Análise Organizacional Indutiva, estabelecida em Campos do Jordão pelos diretores da cooperativa de táxi não resultou em melhoria alguma de competitividade.

Ao contrário, os que a elaboraram estavam longe de entender o que lhes reservava o futuro disruptivo. Estavam realizando — como a maior parte das organizações têm feito — um Planejamento Estratégico Incremental diante de um cenário disruptivo.

Os erros custaram caro!

ESTRATÉGIA DISRUPTIVA

Podemos defender que no atual momento é preciso mudar a forma como pensamos não só a análise organizacional de cenário, como a estratégia organizacional.

Temos dois tipos de Estratégias: a Incremental e a Disruptiva, como vemos na tabela abaixo:

Tipos de Estratégia	Detalhamento
Incremental	Própria para cenários estáveis, com consumidores e concorrentes conhecidos e em processo de continuidade. Os paradigmas são os mesmos e basta atualizar os planos estratégicos anteriores.
Disruptiva	Própria para cenários instáveis, com consumidores e concorrentes em processo de mudança desconhecido e em descontinuidade. Os paradigmas precisam ser diferentes e **NÃO** basta atualizar os planos estratégicos anteriores. É preciso dispor de novas estratégias e metodologias, já sob novos paradigmas.

Note que para cada cenário há um determinado e mais adequado tipo de estratégia.

Entretanto, em função do hábito, a maior parte das Organizações Tradicionais quer plantar "tomate" para colher "kiwi". E fica decepcionada quando nascem apenas tomates!

A MUDANÇA DE PARADIGMA

De maneira geral, e no Brasil em particular, as organizações têm certa ojeriza de pensar de forma mais ampla e estratégica. Muitos não chegarão ao término deste livro, ou o abandonarão no meio do caminho, por considerá-lo não muito prático.

- O interessante é observar que estratégias são baseadas em cenários;
- Cenários são baseados em filosofias e teorias sobre as forças em movimento;
- Não existiria, portanto, nada mais prático do que um cenário acurado e consistente, baseado em filosofia e teoria consistente.

O problema, vamos assumir, não é de praticidade das teorias, mas se constitui, principalmente, da falta de hábito das Lideranças Estratégicas de trabalhar em níveis de debate mais abstratos.

O cotidiano de anos e anos trabalhando para apresentar resultados no curto prazo intoxicou a maior parte das Lideranças Estratégicas.

Tal viés, que tem se mostrado em muitos casos insuperável, tem trazido alto risco diante do novo cenário disruptivo.

Exige-se mudança de paradigma pela ordem, de como vemos:

- O ser humano, a história e a sociedade;
- As mudanças que virão em função da Revolução Civilizacional Digital;
- E as ações estratégicas/metodológicas que devem ser feitas, a partir desse novo cenário.

MINDSET INTOXICADO

Podemos dizer que o *mindset* organizacional padrão é a repetição para produzir, o que representa um entrave para um mundo inovador, disruptivo e desconhecido.

De maneira geral, o investimento em capacitação, incluindo palestras, acaba por envolver pessoas que reforçam aquilo que a organização definiu como o futuro.

> "*As organizações consideram que o futuro será o que elas querem que seja e não aquilo que está mostrando que será.*"

Mais e mais as organizações tradicionais passam, assim, a viver a "*síndrome da cooperativa de táxi*".

Levam dias e dias entretidos em "*Campos do Jordão*" nos seus projetos estratégicos incrementais (que giram em torno do próprio umbigo), enquanto um Uber da vida, projetado por jovens nas garagens, pode estar se aproximando de forma veloz do respectivo mercado.

Thomas Kuhn, um dos papas do estudo de mudança de pensamento ao longo da história, afirmou que novos paradigmas nunca vêm de dentro para dentro, mas sempre de fora para dentro e produzido por *outsiders*.

Kuhn diz ainda que determinadas alterações só conseguem ser percebidas por pessoas mais novas. É preciso uma geração falecer para que a outra consiga lidar com o novo *mindset*.

Insistirmos recorrentemente nos mesmos paradigmas com o mesmo *mindset* tem sido um veneno. E não há tempo para uma geração inteira passar.

O DIÁLOGO IMPOSSÍVEL ENTRE TAMANDUÁS E FORMIGAS

As tentativas de melhorar a Gestão com processos incrementais, ao contrário do que se imagina, servem apenas para agudizar o problema, pois nutre falsas esperanças de diálogo organização--consumidor / organização-colaborador que nunca se concretizará por falta de capacidade.

> *"Estamos com um modelo de Administração dos Tamanduás em uma sociedade que já vive o ambiente das Formigas!"*

É preciso perceber que no triângulo do Modelo de Sobrevivência da Espécie há dois vértices que precisam ser compatíveis: o Modelo de Comunicação tem de ter sinergia com o da Administração.

A Gestão é um tipo de Modelo de Sobrevivência do Sapiens que foi baseado em Modelo de Comunicação e Administração específico.

Vejamos:

- Um Gestor decide;
- Ele toma decisões de baixo para cima e de dentro para fora;
- Clientes e colaboradores internos são passivos e há baixa descentralização da comunicação.

Este modelo é o das Espécies Sonoras, chamado de Gestão, que tem compatibilidade entre os dois vértices: decisão-comunicação.

- Podemos ter organizações que ouvem mais o cliente? Sim.
- Podemos ter organizações que ouvem mais o colaborador interno? Sim.

Porém, há um limite, pois os produtos e serviços são feitos de dentro para fora, há um responsável pela qualidade dos mesmos e as decisões são tomadas por um gestor pago para isso.

Esses fatores todos limitam a capacidade de escutar ao se tomar decisões.

Há, obviamente, o que podemos chamar de sugestões que serão avaliadas pelo gestor no tempo e na hora que for possível.

> "*Por mais que uma empresa tradicional queira dialogar com o consumidor lá fora ou com o colaborador internamente, VAI ESBARRAR NOS LIMITES DA GESTÃO.*"

Temos que entender que a Gestão é o Modelo de Sobrevivência do Sapiens 2.0, antes da Revolução Civilizacional e que agora, diante do novo Modelo 3.0, entrou em processo de obsolescência.

Nada, absolutamente nada do que for feito dentro das organizações que praticam a gestão vai gerar competitividade no médio e longo prazo, pois a Curadoria se imporá, aos poucos, como modelo hegemônico.

Todo o dinheiro investido na Gestão, no longo prazo, tende a virar pó se houver chance de aparecer nesse segmento de mercado uma Organização 3.0.

Tal organização conseguirá entregar mais rápido, e de forma melhor, produtos e serviços mais afinados com a nova geração.

FORMIGA QUER APITO!

Vejamos:

- Os Ubers têm 100% de compatibilidade com o Modelo de Sobrevivência do Sapiens (Comunicação e Administração) ao permitir que consumidores e fornecedores se avaliem e decisões sejam tomadas a partir desse processo;
- Nos Ubers não há solicitação de decisão, que é tomada diretamente pelos membros da Plataforma, no modelo de Liderança Contextual que vimos no formigueiro;
- Os Ubers não são responsáveis por produtos e serviços, apenas administram plataformas. Cada membro da plataforma que vende algo é o responsável pelo produto e serviço. O conceito de qualidade é distribuído.

Toda vez que este modelo ingressa em um determinado segmento do mercado tende a acabar com a competitividade das Organizações 2.0.

Ubers são mais competitivos, pois:

- Já estão mais afinados com o perfil do novo cidadão/consumidor;
- Reduzem custos, pois os milhares de membros não precisam de nenhum gerente;
- As decisões são distribuídas com enorme velocidade;
- Permite resolver o problema da diversidade na quantidade a baixo custo e alta velocidade.

A DISTRIBUIÇÃO DAS DECISÕES

Não existe um Gestor que decide que determinado motorista do Uber vai sair da Plataforma.

É o Curador, que programa os algoritmos, que, a partir das avaliações que são feitas, determina quem fica e quem sai.

É graças a esse dinamismo que a Curadoria é tão atrativa para o novo cidadão/consumidor, pois vem justamente permitir decisões mais horizontais.

- A Curadoria permite a distribuição das decisões;
- A Gestão não consegue fazer isso, pois foi concebida para outra Civilização do Sapiens.

A crise de relacionamento das organizações 2.0 com o Sapiens 3.0 tende a se agravar no tempo. Os pretensos canais de diálogo que vão sendo abertos dentro e fora vão esbarrar na falta de possibilidades de mudanças dos processos.

Finge-se uma mudança, e se pedem sugestões que não serão possíveis de promover em face da falta de capacidade administrativa para tanto.

Quanto mais as organizações quiserem abrir canais de comunicação, mais o Sapiens 3.0 vai querer decidir. E mais as organizações vão tentar insistir que o objetivo não é decidir, apenas sugerir.

Em vez de reduzir, as Organizações 2.0 ESTÃO AUMENTANDO A CRISE!

É preciso abandonar a ideia de melhorar a Gestão.

NÃO ME VENHA FALAR EM COLABORAÇÃO!

Outro erro estratégico recorrente das Organizações 2.0 é a insistente tentativa de ampliar a Colaboração.

É preciso entender que *"Colaborar"* significa trabalhar junto: co-laborar.

Sempre houve colaboração dentro das organizações tradicionais, pois existe o modelo de coordenação de esforços, de trabalho conjunto.

Há necessidade de particularizar dois tipos de colaboração no mercado hoje:

- A colaboração NA Gestão;
- A colaboração NA Curadoria.

Duas propostas completamente distintas!

- O Modelo de Colaboração 2.0 da Gestão, com o Gestor intermediando as decisões;
- O Modelo de Colaboração 3.0 da Curadoria, no qual há processo de decisão direta, com a Plataforma apenas conduzindo os desejos que vêm de baixo para cima, através da programação de algoritmos.

É impossível afirmar que se irá criar mais colaboração da Curadoria na Gestão, pois se tratam de dois modelos administrativos COMPLETAMENTE DIFERENTES.

Para exemplificar bem meu ponto de vista, transcrevo o diálogo que tive com um operador de telemarketing de uma empresa de tevê a cabo:

Operador — O senhor não está entendendo nossa posição.

Eu — O senhor me disse isso, isso e isso, certo?

Operador — Isso mesmo!

Eu — Eu entendi, não estou concordando!

Em resumo, há um aumento radical da taxa de demanda de decisões de baixo para cima (bottom-up) em organizações estruturadas em um modelo "de cima para baixo" (top-down).

INOVAÇÃO "RIVOTRIL" NÃO RESOLVE

Muito se aposta em projetos de inovação, e volta e meia se fala em mudança de mindset, de pensar "fora da caixa".

O problema é que não adianta mudar o mindset e pensar fora da caixa dentro da Gestão, pois a grande novidade do mercado é o novo modelo de administração, que precisa ser implantado.

Que é o que traz competitividade, de fato!

Não é uma questão de caixa, mas de modelo!

> "*A questão não é a mudança no mindset dentro da organização que pratica a Gestão, mas sim a criação de novas organizações que pratiquem a Curadoria!*"

Não é o mindset das pessoas que dá o ritmo para a inovação na Revolução Civilizacional Digital, mas a massificação de Tecnologias de Comunicação Descentralizadoras e linguagem no novo ambiente administrativo disponível.

Assim, não adianta implantar a "Inovação Rivotril" — aquela que finge que algo está sendo feito — mas que terá pouco impacto na competitividade futura.

Projetos de Inovação da Gestão não vão tornar organizações mais competitivas. Precisam de metodologia de Inovação Disruptiva, que visa migrar do atual modelo 2.0 para o 3.0.

> "*Os projetos estratégicos de inovação na maior parte das organizações 2.0 estão intoxicados do futuro incremental. Não imaginam, em hipótese alguma, que estamos diante da maior guinada já feita pelo Sapiens em toda a Macro-História.*"

As tentativas que fiz, e que muitos fizeram nos últimos dez anos, de compatibilizar as mudanças do consumidor/cidadão com as organizações tradicionais, fracassaram. É dinheiro jogado fora. Podemos dizer, assim, que há incompatibilidade nos seguintes pontos:

- Ritmo inovador em relação ao mercado;
- Comunicação de dentro para fora;
- Comunicação de dentro para dentro.

Eu acreditei e muitos ainda acreditam, mas há problemas de incompatibilidade insolúveis ao longo do tempo entre a Gestão e o novo Sapiens 3.0:

A MENTALIDADE 2.0

O grande empecilho para a adoção da Inovação 3.0 é a mentalidade atual.

> "Mentalidade − conjunto de manifestações de ordem mental, crenças, maneiras de pensar e disposições psíquicas e morais que caracterizam uma coletividade.‚‚

A mentalidade administrativa estará sempre fundamentada no Modelo de Administração hegemônico vigente.

- Se olharmos para o passado, podemos imaginar que um mundo de analfabetos, sem a disseminação da escrita, nos levou à dependência maior de determinado centro;
- A República não existiria sem a escrita impressa, que permitiu superar a monarquia absoluta, com mentalidade mais aberta e menos controle do centro para as bordas.

Tivemos ali duas mentalidades em transição no que diz respeito à forma de organização da sociedade: uma cujo controle se fazia a partir do centro e outra com maior ênfase nas bordas do sistema social.

Quanto mais as bordas são capazes de decidir, em função das tecnologias de trocas, maior é a possibilidade de descentralizar e vice-versa.

Hoje, vivemos algo similar.

> **"As organizações 2.0 têm mentalidade intermediadora entre o produto/serviço e o cliente. Definem o que consideram "de qualidade" e "aceitável". E a isso chamamos "filosofia" de cada organização, que é provedora e não organizadora de mercados."**

Tal mentalidade estava circunscrita aos limites das tecnologias de trocas pré-digitais.

As novas organizações 3.0, tais como o Uber, Airbnb, Mercado Livre, já são filhas da Curadoria Digital e demandam nova mentalidade organizacional.

É um novo papel, uma nova mentalidade nos negócios.

Há, antes de tudo, nessa necessária "uberização da mentalidade", uma mudança grande de paradigma na prática do controle exercido. Há transferência para as bordas dos critérios do que é "de qualidade" e "aceitável".

Uma organização 3.0, portanto, não define pelo usuário, antes cria um ambiente tecnológico para que ele possa resolver por si mesmo a melhor forma de resolver cada demanda a partir da sua diversidade.

Há nítida, difícil e necessária mudança de mentalidade administrativa.

O centro definia quase tudo. Agora, as zonas periféricas do sistema querem e já definem quase tudo em várias áreas. A mentalidade 3.0 exige, em curto espaço de tempo, essa passagem difícil e dolorosa.

A mudança de mentalidade é, a meu ver, o ponto de partida para que se possa uberizar uma organização tradicional.

Creio que se poderia resumir assim a base da Mentalidade 2.0 praticada hoje pela sociedade:

- A organização é responsável pelos produtos e serviços;
- O modelo de qualidade é baseado nas decisões tomadas por gestores capacitados;
- Há hierarquia vertical na tomada de decisões;
- A organização é tutora das vontades do consumidor/cidadão.

O IMPASSE ORGANIZACIONAL

Na tabela abaixo, eis um resumo dos impasses que as Organizações Tradicionais têm vivido:

Constatação	Detalhamento
Assumir estrategicamente que a Gestão é incompatível com as novas demandas do cidadão/consumidor.	Ter clareza que projetos que procuram compatibilizar um com o outro não tendem a dar resultados eficazes.
Que é preciso implantar Projeto de Inovação nos dois Modelos, tanto na Comunicação quanto na Administração, mas com forte ênfase na experimentação da Curadoria.	Esta é a base da Inovação 3.0.
Que a experimentação da Curadoria precisa ser feita em área separada para experimentar sem intoxicação a nova cultura.	Esta é a ideia básica dos Labs 3.0.

Que a criação do Laboratório deve seguir algumas premissas.	Para evitar erros que já foram cometidos.
Que é preciso ter alguns cuidados com tentativas de Modelos Mistos.	Estamos já falando da Gestoria, uma tentativa infeliz de aliar Gestão com Curadoria.

Vejamos alguns problemas complexos insolúveis presentes no antigo Modelo:

Problema complexo	Impasses da Gestão (Linguagem da Palavra Oral e Escrita)	Saída pela Curadoria, (Linguagem dos Cliques)
Engarrafamentos	Repórteres em helicóptero informam as mudanças.	Waze resolve de forma mais barata e eficaz o problema.
Vídeos	Poucos canais de televisão para a diversidade da demanda das pessoas.	Youtube resolve de forma mais barata e eficaz o problema.
Vendas	Poucos canais de distribuição para a diversidade da demanda das pessoas.	Mercado Livre resolve de forma mais barata e eficaz o problema.
Táxis	Caros, sem fiscalização, demorados e de baixa qualidade.	Uber e similares resolvem de forma mais barata e eficaz o problema.

A Curadoria consegue resultados bem melhores para problemas complexos. E, por causa disso, ganha mercados.

VELHAS ARMADILHAS E NOVOS TRAMPOLINS

Mais e mais, as organizações tradicionais têm se tornado:

- Ineficazes;
- Onerosas;
- Com baixa capacidade de fiscalização de fora para dentro e de baixo para cima;
- E, consequentemente mais hipercorporativas.

Assim, gerentes, coordenadores, chefes, políticos, professores, jornalistas, corretores, ascensoristas, caixas de bancos, garçons, pareceristas acadêmicos, editores, motoristas de táxi, todos intermediadores — e as organizações que se baseiam neles — estão sendo substituídos gradualmente pelo novo modelo da Curadoria, que popularmente estamos chamando de Uberização.

Lideranças Estratégicas precisam perceber a guinada Civilizacional para evitar velhas armadilhas e se utilizar dos novos trampolins.

3.2
ADMINISTRAÇÃO 3.0:
O QUE É? A QUE VEIO?

* * *

SÍNTESE: O Sapiens 3.0 quer apito!

ADMINISTRAÇÃO 3.0

A Administração 3.0 pode ser definida como o novo Modelo Administrativo do Sapiens. O novo modelo surge a partir das novas possibilidades Tecnoculturais viabilizadas pela chegada de novas Tecnologias de Comunicação Descentralizadoras Digitais, incluindo a nova Linguagem dos Cliques.

A Administração 3.0 pratica a Curadoria, assim como a Administração 2.0 pratica a Gestão. Comparemos os dois Modelos:

Administração 2.0 (Gestão)	Administração 3.0 (Curadoria)
Gestor	Curador
Linguagem principal: oral e escrita	Linguagem principal: cliques

(Continua)

(Continuação)

Coordena diretamente pessoas e processos.	Coordena indiretamente pessoas e processos através de algoritmos, que gerenciam a Reputação Digital.
É responsável pela qualidade de produtos e serviços.	É responsável pelo ambiente, onde são comercializados os produtos e serviços.

PLATAFORMAS DIGITAIS PARTICIPATIVAS

A Gestão é feita em ambiente não necessariamente tecnológico. É um conjunto coordenado de processos e pessoas com o objetivo de entregar produtos e serviços aos clientes.

A Curadoria é feita em ambiente **NECESSARIAMENTE** tecnológico. É um conjunto coordenado de processos e pessoas com o objetivo de criar ambientes para que produtos e serviços cheguem aos clientes através de Plataformas Digitais Participativas.

O epicentro da Curadoria são as Plataformas Digitais Participativas.

Elementos da Plataforma	Detalhamento
Curador	Responsável por manter elevada a taxa de confiança e relevância das e nas interações entre membros. Pode ser um ou vários, que gerenciam todo o ambiente e programam os algoritmos.
Usuários (Consumidores/ Fornecedores)	Através dos cliques criam a Reputação Digital de cada membro, produto e serviço para que outros possam decidir como e de quem consumir ou vender. Definem quem sobe ou desce, quem fica ou sai, quem pode cobrar mais ou menos, a partir dos critérios definidos pelo curador, via algoritmos.

Algoritmo	Ferramenta que faz os ajustes para que as relações e processos ocorram nesse ambiente com a maior confiança e relevância possíveis. Coordena todas as atividades a partir de critérios definidos pelos curadores, com mais ou menos participação da comunidade envolvida na Plataforma.
Robôs	Conjunto de aparelhos que informam ao sistema sobre uso, posição e histórico. Fazem aquilo que usuários não podem fazer. Seriam roletas de ônibus, GPS, medidores de temperatura etc. Todos integrados ao ambiente da Plataforma.

REPUTAÇÃO DIGITAL

A Reputação Digital é o que permite a coordenação das atividades pelos algoritmos.

Mediante um processo permanente de coleta de dados realizado através da participação das pessoas e robôs, colhem-se informações para definir o status de cada pessoa (fornecedor/consumidor), produto ou serviço dentro da Plataforma.

A Reputação Digital é composta por três tipos de dados:

Dados	Detalhes
Produzidos por pessoas **COM** intenção de indicação	Estrelas, curtições, comentários
Produzidos por pessoas **SEM** intenção de indicação	Cliques, compras, vendas, acessos, compartilhamentos
Produzidos por robôs	Geralmente, a partir de ações não necessariamente dentro da Plataforma, tais como entrada em uma casa de shows, carros que trafegam em uma estrada etc.

A Reputação Digital permite que haja coordenação descentralizada das atividades. Por exemplo, um motorista do Uber, para poder circular, precisa ter, dependendo da cidade, 4,7 pontos em 5.0. Se não conseguir estará fora da Plataforma!

Passageiro e motorista, antes desconhecidos, aumentam a taxa de confiabilidade, se comparada à cooperativa de táxi, que atuava no mesmo segmento no Modelo de Administração da Espécie 2.0.

REPUTAÇÃO 2.0 VERSUS 3.0

O sucesso dos Ubers pode ser explicado em função da incapacidade da Gestão em gerar uma meritocracia ativa entre os motoristas de táxi.

Cooperativas de táxi e prefeituras não conseguem mais, devido ao aumento radical do número de viagens, receber e processar reclamações de passageiros.

Torna-se impossível para o atual patamar de complexidade, que um Gestor possa tomar providências contra determinado taxista que apresenta seguidamente problemas.

A reclamação de um passageiro contra determinado motorista não consegue ir adiante pelo antigo intermediador.

Ou não se faz nada porque não se quer (por interesses envolvidos) ou se demora muito ou não se tem capacidade administrativa para agir e punir (pela incapacidade administrativa).

Em tal contexto, mais e mais taxistas sem padrão de atendimento aceitável passaram a trafegar pela cidade a despeito das reclamações e insatisfação do consumidor.

Não havia tecnologias nem cultura disponíveis para tornar reclamações passíveis de ação, o que demarca a obsolescência do modelo da Administração da Espécie 2.0 nos táxis diante da Complexidade Demográfica Progressiva.

OS ALGORITMOS

Os algoritmos atuam para coordenar pessoas e processos no lugar do antigo Gestor. Existem dois tipos:

Tipos de Algoritmos	Detalhes
Coordenador de pessoas	Responsável por definir quem sai, quem entra, quem fica e quem é promovido na Plataforma a partir da Reputação Digital.
Coordenador de processos	Responsável pela coordenação de diferentes atividades dentro da Plataforma, tal como o Uber Pool, que gerencia corridas compartilhadas.

Os Algoritmos são o coração da Curadoria, pois é na melhoria da qualidade contínua, através do aprendizado, que eles se aprimoram e poderão, com o tempo, ser cada vez mais precisos:

- Na coordenação das pessoas
- E na coordenação dos processos.

Esse aprimoramento permite que a Curadoria entre em cada vez mais áreas da sociedade. Podemos dizer que os Algoritmos das Plataformas Digitais Participativas são ferramentas de Inteligência Artificial, que entram diretamente na coordenação da Administração do Sapiens.

MENTALIDADE 3.0

Hoje, as novas organizações que surgem são diferentes. Se pudéssemos resumir diríamos o seguinte:

- A organização é responsável apenas pela relação de troca de produtos e serviços feita entre consumidores e fornecedores;
- O modelo de qualidade é baseado nas decisões tomadas pelos consumidores;
- Há hierarquia mais horizontal na tomada de decisões;
- Elimina-se a ideia de patrão e empregados e se estabelece, como no Uber, o conceito de parcerias.

É preciso forte capacitação para que se possa migrar de uma para outra no menor espaço de tempo possível!

A grande mudança da Curadoria é permitir que o cliente passe a decidir e não mais sugerir.

O cliente quer ver problemas resolvidos, personalizar produtos e serviços, bem como participar da produção do início ao fim.

- O Sapiens 3.0 não quer só apito, mas apitar!
- E as Organizações 2.0 nasceram para apitar e não para dividir o apito!

Quando decide no Uber que motoristas ficarão na Plataforma, o cliente não sugere, mas manda.

O Sapiens 3.0 mais amadurecido espera, ao sugerir novos produtos e serviços, ou fazer sugestões e críticas, que eles sejam, pela ordem:

1. Criados por ele;
2. Com ele;
3. Quando não satisfatórios, sujeitos a mudanças;
4. Com espaço para promover críticas;
5. Que as críticas sejam lidas;
6. Que lidas, sejam processadas;
7. Caso julgadas procedentes, que ações reparadoras sejam tomadas;

8. Que pessoas sem mérito sejam afastadas;
9. Que produtos ou serviços sejam aprimorados ou descontinuados;
10. E que haja retorno do que foi feito com a sugestão apresentada.

De nada adianta abrir um canal de reclamações se não se pode atender às reclamações que chegam!

Ponto!

AS VANTAGENS DA CURADORIA

A Curadoria tem diversas vantagens sobre a Gestão, como veremos na tabela abaixo:

Administração do Sapiens 2.0 (Gestão)	Administração do Sapiens 3.0 (Curadoria)
Menor capacidade de atender solicitações personalizadas;	Maior capacidade de atender solicitações personalizadas;
Modelo de contratação: empregados fixos, o que torna organizações menos flexíveis; relação patrão/empregado;	Modelo de parceria com microempreendedores vinculada ao desempenho, o que torna as organizações mais flexíveis; fim da relação patrão/empregado;
Necessidade de camadas intermediárias para a regulação entre a oferta e a demanda; diretorias, chefias, gerências;	Sem necessidade de camadas intermediárias para a regulação entre oferta e demanda. A tarefa passa a ser feita por Algoritmos, programados pelo Curador;

(Continua)

(Continuação)

Controle meritocrático definido a partir do gestor;	Controle meritocrático definido a partir do consumidor/cidadão;
Limitação de escala de crescimento, pois exige novas camadas hierárquicas ao aumentar a oferta;	Sem limite de escala de crescimento, pois não exige novas camadas hierárquicas ao aumentar a oferta;
Produtos e serviços com custo fixo.	Produtos e serviços com custo variável, conforme as ofertas e demandas reguladas pelos algoritmos.

O UBER VERSUS COOPERATIVAS DE TÁXIS

Para facilitar o entendimento, convém fazer uma comparação com base em um caso concreto. Veja a tabela abaixo:

Administração do Sapiens 2.0 (Gestão) Exemplo: Cooperativa de táxi tradicional	Administração do Sapiens 3.0 (Curadoria) Exemplo: Uber
Comunicação por textos e oral;	Comunicação por Cliques;
Cooperativa precisa receber pedidos de táxi, via telefone, com demora de atendimento e custo alto, pois não se consegue aproximar oferta e demanda a partir da localização do motorista que circula e o passageiro que quer táxi;	Uber articula relações com melhor custo/benefício, via GPS. Há redução de tempo, pois se consegue aproximar oferta e demanda, de forma mais eficaz a partir da particularidade do motorista que circula e passageiro que quer transporte;

Baixa capacidade de atender solicitações personalizadas, pois há que se processar pedidos, através de gestores, que promovem junção da oferta e demanda, com alto custo operacional. Tendência à padronização de processos;

Alta capacidade de atender solicitações personalizadas, pois quem processa os pedidos são os algoritmos, que dispensam a intervenção de gestores, promovendo a junção da oferta e demanda, com baixo custo operacional. Tendência a deixar que relações definam livremente processos. É mais fácil realizar novas programações para que se adequem às novas demandas;

Modelo de contratação: cooperativados fixos, o que torna a organização menos flexível. O número de motoristas é restrito, o que acaba tornando as cooperativas locais;

Modelo de contratação: microempreendedores, conforme desempenho, o que torna organizações mais flexíveis. Número de motoristas é ilimitado, pois o algoritmo assim o permite;

Necessidade de camadas intermediárias para a regulação entre a oferta e demanda: diretorias, chefias, gerências. Isso encarece o custo mensal do que cada cooperativado paga para participar e manter a cooperativa;

Sem necessidade de camadas intermediárias entre a oferta com praticamente a eliminação de diretorias, chefias, gerências. Com isso, o custo da Plataforma Digital Participativa é menor. Pode haver escalas intermediárias dentro do topo da Curadoria, mas não mais na intermediação entre a oferta e demanda, que passa a ser feita diretamente entre os micro-fornecedores e o consumidor. O motorista do Uber não paga mensalidade;

(Continua)

(Continuação)

Controle meritocrático definido a partir do gestor. Há jogo de interesses, pois é o cooperativado que elege o diretor, criando relação viciada, que acaba por impedir determinadas ações moralizadoras. Além do problema da personalização, há dificuldade de o consumidor enviar reclamações e, quando enviadas, de serem processadas e que atitudes sejam tomadas, com respectivo aviso ao reclamante;	Controle meritocrático definido a partir do consumidor/cidadão. Os motoristas são avaliados a cada corrida, deixando a programação do algoritmo a critério do Curador, que passa a tomar atitudes, suspendendo ou afastando tanto o motorista quanto o passageiro, facilitando a busca de uma relação mais virtuosa de confiança;
Limitação de crescimento, pois exige novas camadas hierárquicas. Isso impede que novas demandas sejam atendidas rapidamente em face da existência de uma relação entre o número de motoristas e das pessoas encarregadas da gestão;	Sem limitação de crescimento, pois não exige novas camadas hierárquicas, já que o Algoritmo promove a articulação entre oferta e demanda. Com isso, não impedimento para que novas demandas sejam atendidas rapidamente, pois não existe mais uma relação de número de motoristas e gerentes;
Produtos e serviços com custo fixo.	Produtos e serviços com custo variável, conforme a oferta e demanda.

NEM TUDO SÃO FLORES

Muitas pessoas acreditam que a Curadoria é o paraíso na terra. E quem defende ou pratica o novo modelo não estará sujeito a problemas.

Não é bem assim.

- Não devemos confundir o Modelo Administrativo Curadoria, que tem uma forma de solução de problemas;

- Com a aplicação do Modelo em diferentes setores e áreas, sujeitos a problemas específicos.

Estamos apenas tateando de forma primitiva esse novo mundo, e há ainda muito que aprender!

Aqui e ali os problemas já começam a aparecer, como retrata o artigo "O Uber, sob novo fogo", na *Folha de São Paulo* (Ver indicação dos artigos nos Anexos no item "Artigos recomendados").

Tal tensão já se mostrou também na Estante Virtual, quando houve indisposição de preço de intermediação entre os Sebos e a Plataforma, registrada pelo jornal *O Estado de São Paulo*, em 2004, no artigo "Sebos protestam contra tarifas da Estante Virtual".

No artigo publicado na FSP narra-se a insatisfação dos parceiros do Uber com o valor da remuneração de cada viagem. É algo interessante, pois se imagina em um primeiro momento que a relação será de estabilidade na Curadoria.

Os investidores dessas Plataformas apostam no novo modelo de negócios e acabam por tomar a maior parte das decisões administrativas. E estabelecem uma relação vertical de decisões com os parceiros.

É preciso entender que, além de ser novo, esse modelo de administração propõe uma nova cultura de participação que vai exigir mais transparência.

Tais crises são de outra natureza, distinta das que enfrentamos na Gestão.

Na crise da Curadoria o Curador implanta novo Modelo Administrativo mas não cria elementos de maior participação dos membros nas decisões referentes à Plataforma.

Há, então, um choque de cultura entre ambiente mais aberto e transparente, e decisões centralizadas sobre a Plataforma. Crises assim proliferarão no futuro. Serão experimentados modelos cujas tomadas de decisão deverão ser cada vez mais distribuídas, tal como a cultura do Bitcoin, mas isso é assunto para um novo livro.

CUIDADO COM A GESTORIA!

Muitas organizações têm procurado criar projetos de Curadoria, mas não adotam o modelo completo. Ficam pelo meio do caminho, com um pé em cada Civilização.

Podemos dizer que tais organizações:

- Adotam Plataformas Digitais Participativas;
- Permitem que usuários se autoavaliem e até gerem Reputação Digital;
- Mas não adotam a nova Mentalidade 3.0 de coordenação autônoma.

Denominei tal problema como *"Gestoria"*.

Gestão + Curadoria = Gestoria.

Gestoria é a prática de adotar parcialmente o modelo da Curadoria com a mentalidade de coordenação de pessoas e processos da Gestão.

INSUCESSOS DA GESTORIA

Passemos a alguns cases de problemas com a Gestoria.

CASE 1
— Publicar pode, desde que eu autorize!

O caso de uma empresa de comércio eletrônico brasileira transformou-se em um clássico de Gestoria.

A organização passou a permitir que a Reputação Digital fosse gerada, mas monitorava os dados para só publicar os que fossem positivos em relação a seus produtos.

As avaliações negativas eram simplesmente descartadas com a justificativa de que, por um motivo qualquer, estavam fora do padrão exigido.

Tal prática gerou uma relação de baixa confiança dos consumidores na Plataforma Digital Participativa, pois eles percebiam que não se tomava nenhuma atitude com respeito às reclamações que faziam.

O conceito básico da nova Administração 3.0 pode ser visto na Amazon, que defende a participação dos usuários, via Reputação Digital, de maneira completamente distinta.

A Amazon, tal como o Uber, afasta os fornecedores que apresentam baixa taxa de mérito.

CASE 2
— Colaborar pode, mas é só pesquisa!

Outro exemplo de Gestoria foi praticado por uma federação de transporte coletivo urbano em uma cidade brasileira. Por intermédio de um aplicativo, ela pedia a avaliação de motoristas, ônibus e linhas.

Porém, era apenas pesquisa informativa, sem nenhum tipo de ação direta e prática em cima dos dados coletados. Tal fato gera e gerou frustração.

Motoristas e veículos eram avaliados, dados rumavam para a central, mas eram apenas de conhecimento dos Gestores, que não tinham instrumentos ou mesmo decisão política para agir.

Tratava-se de *"pesquisa 2.0"* maquiada de *"aplicativo 3.0"*.

O que seria feito com os dados não ficou totalmente claro para os usuários participantes, que, cada vez mais acostumados com a Reputação 3.0, se sentiram frustrados quando nada ocorreu a partir das reclamações.

A expectativa que tinham ao colaborar era de contribuir com decisões, punindo e melhorando a qualidade dos serviços, de forma rápida, o que não ocorreu.

Há uma *"Cultura Uber"* que passa a reger o mercado.

CASE 3

— Aguarde que vamos tomar providências!

Infelizmente, a Gestoria é ainda a prática usual na maior parte dos aplicativos de táxi em uso no Brasil, com vários problemas de qualidade de serviço justamente por isso.

Quando avalia negativamente um taxista pelo aplicativo, geralmente o usuário reclamante recebe um e-mail de que *"alguém"* (leia-se Gestor) cuidará para que o problema não se repita — atitude típica na Gestoria.

Levantam-se dados, mas não servem para decisões imediatas.

Para que haja a passagem para a Curadoria, é necessário que a Plataforma Digital Participativa:

- Torne pública a Reputação Digital para que os participantes possam tomar decisões, tal como a escolha de motoristas de táxi só cinco estrelas, como fazia o Taxibeat (aplicativo de táxi grego, não mais operacional no Brasil);

- Afaste ou puna de alguma forma, AUTOMATICAMENTE, por critérios definidos no algoritmo, aqueles que estão trabalhando com baixo padrão.

Essa é a única forma de se ganhar agilidade, escala e confiabilidade na complexidade!

A CURADORIA VAI SER HEGEMÔNICA?

A principal questão levantada por meus alunos na sala de aula, depois de ouvirem toda a explicação filosófico-teórica, é:

> *"A Curadoria vai ser o novo Modelo de Comunicação e Administração Hegemônico no futuro?"*

Perguntam:

- Quais setores serão atingidos?
- Quando?
- A Curadoria Digital será hegemônica como foi a Gestão?

Caso eu não tivesse estudado a Macro-História, minha tendência seria de não estar tão convicto da mudança disruptiva no longo prazo como estou agora.

Podemos afirmar, com certa convicção, que a Curadoria será o modelo administrativo mais inovador ao longo do século.

Podemos apontar como tendência que:

- A Curadoria vai ampliar valor;
- A Gestão vai perder valor.

Um Líder Estratégico sensato, diante do exposto neste livro, deve trabalhar com algumas premissas:

- Descartar a ideia de Futuro Incremental;
- Ter consciência de que a geração de valor está migrando para a Curadoria no médio e longo prazo e há risco a correr para quem não se aventurar nesse novo campo;
- Continuar a apostar na Gestão enquanto ela gerar valor em alguns setores, principalmente os mais reticentes às novas tecnologias. Porém, sempre com um olho no mercado futuro da Curadoria.

O recomendável, portanto, é não apostar todas as fichas no passado. E tentar abrir, o quanto antes, alguma porta para o "futuro curador".

SIM, JÁ TEMOS UBERÔMETRO!

Por insistência principalmente de clientes, tentei criar critérios de perspectiva de implantação da Curadoria em diversas áreas no intuito de responder perguntas do tipo:

É possível uma petroleira Uber? Ou um MacUber?

Várias iniciativas atuais de organizações privadas e governamentais se encaixam como uma *"luva"* na Curadoria. Em outras, hoje, isso parece algo impossível.

Idealizei o Uberômetro para tentar identificar quais setores estarão mais propensos à Uberização no curto prazo. Relacionei três fatores capazes de retardar as mudanças, mas não necessariamente de as impedir.

São eles:

Fatores	Detalhamento
Complexidade da oferta de produtos e serviços	Quanto mais complexo for o processo e envolver mais gente a ser coordenada, maior será a necessidade de maturidade das tecnologias e de tempo para o respectivo desenvolvimento e aculturação. Os algoritmos terão de ser mais complexos e se ganhará tempo em tais mercados.
Confiança do consumidor	Quanto maior a insegurança do consumidor em relação a determinado produto e/ou serviço, mais tempo levará para se acostumar com novos hábitos de consumo.
Legislação	Quanto mais protegido for determinado mercado, mais tempo levará para que se tenha o surgimento de novas organizações em função dos riscos legais envolvidos.

MACROTENDÊNCIAS PARA OS NEGÓCIOS

A tabela a seguir apresenta um comparativo entre as práticas tradicionais e as macrotendências para os negócios do século XXI, a partir da Revolução Civilizacional 3.0:

Ontem	Hoje e amanhã
Patrão e empregado	Plataforma – fornecedor
Massificação	Personalização
Intermediadores	Algoritmos
Consumidor passivo	Consumidor ativo
Financiamento centralizado	Financiamento descentralizado e coletivo
O consumidor sugere mudanças, através de pedidos orais e escritos, processados por um gestor.	O consumidor decide, através de cliques, processados por uma Plataforma 3.0.

INOVAÇÃO 3.0: A SAÍDA MAIS BARATA PARA MIGRAR DA GESTÃO PARA A CURADORIA

* * *

> SÍNTESE: É preciso criar um ambiente em separado para experimentar a Curadoria.

A INOVAÇÃO 3.0

A Inovação 3.0 é uma metodologia desenvolvida por mim e meus alunos. É resultado de anos de pesquisa prática e conceitual, a partir dos Mapas Filosóficos e Teóricos apresentados acima.

Se pudermos resumir, seria:

> "*Projeto de Inovação que tem como base o cenário disruptivo da atual Revolução Civilizacional Digital. Pretende ser metodologia de apoio para as Organizações Tradicionais continuarem competitivas no mercado através da criação de duas áreas separadas na organização: uma que mantém projetos de inovação incremental e radical na Gestão. E outra que procura monitorar e explorar as novas oportunidades com a criação de nova Organização já no modelo da Curadoria.*"

A Inovação 3.0 será mais bem implantada se seguir as seguintes etapas:

Etapas da Inovação 3.0	Detalhamento
Sensibilização	Processo de apresentação dos conceitos básicos da Inovação 3.0 para que determinada organização perceba a importância de apostar na migração da Gestão para a Curadoria.
Capacitação 3.0	Processo de formação para migrar da Gestão para a Curadoria.
Laboratório 3.0	Espaço para aculturação, monitoramento de mercado e desenvolvimento de projetos no novo Modelo da Curadoria.
Nova Organização 3.0	Nova organização que passa a atuar no mercado já dentro da nova Cultura, ocupando o espaço da antiga.

SENSIBILIZAÇÃO 3.0

Para preparar as pessoas no sentido de as fazers se interessarem pela implantação da Inovação 3.0 é necessário um trabalho específico. A Sensibilização 3.0 será mais bem implantada se seguir as seguintes etapas:

Etapas da Sensibilização 3.0	Detalhamento
Cenário	Apresentação das prováveis causas e consequências da atual Revolução Civilizacional Digital.
Riscos	A possibilidade de que um mercado específico tenha mudanças não previstas que possam tirar valor ou mesmo vir a fechar determinada organização.

Oportunidade	O conjunto de novas alternativas que se abrem nesse novo mundo.

CAPACITAÇÃO 3.0

Para preparar as pessoas para esse novo mundo é necessário um trabalho específico. A Capacitação 3.0 será mais bem implantada se seguir as seguintes etapas:

Etapas da Capacitação 3.0	Detalhamento
Ética	Conhecimento de valores éticos da inovação, que incluem um retorno subjetivo pessoal por estar construindo um mundo melhor.
Filosófica/ Epistemológica	Ampliar a capacidade de percepção, o que permite se desfazer dos antigos paradigmas com mais facilidade. O objetivo é que se consigam mudanças grandes na maneira de pensar em pouco espaço de tempo.
Filosófica	Modificar a maneira de pensar sobre cultura, tecnologia e efeitos na história, basicamente o Capítulo I do presente livro.
Teórica	Modificar a maneira de pensar sobre os efeitos das Revoluções Civilizacionais na Macro-História, basicamente o Capítulo II do presente livro.
Metodológica	Capacidade de compreender o papel do Laboratório 3.0, o perfil dos projetos que serão desenvolvidos e a capacidade de ser curador nas Plataformas Digitais Participativas que serão criadas.

LAB 3.0

Para gerar projetos para esse novo mundo é necessário pertencer a uma área específica: Lab 3.0. O objetivo do Laboratório 3.0 é ser o núcleo inicial da nova Organização 3.0. O Lab 3.0 será mais bem implantado se seguir as seguintes etapas:

Etapas do Lab 3.0	Detalhamento
Seleção de perfis	Após a Sensibilização 3.0 e Capacitação 3.0 será feita seleção de perfis para integrar o Laboratório.
Desenvolvimento de Projetos Pilotos	Serão definidos projetos pilotos para iniciar os trabalhos do Laboratório, com respectivos cronogramas de prazos e custos.
Avaliação de Pilotos para se tornar produtos e serviços.	Dá início à formação da nova Organização 3.0.

NOVA ORGANIZAÇÃO 3.0

Para gerar projetos para este novo mundo é necessária nova Organização.

Novas Organizações 3.0 podem ser entendidas como sendo organizações que oferecerão ao mercado produtos e serviços já no novo modelo da Curadoria.

A Organização 3.0 será mais bem implantada se seguir as seguintes etapas:

Etapas da Organização 3.0	Detalhamento
Seleção dos melhores protótipos	Testados no Laboratório 3.0.
Criação de novo corpo diretivo e legal	Que funcionará de forma autônoma em relação à Organização 2.0.

INOVAÇÃO 3.0: ERROS NA CONCEPÇÃO

Quando iniciamos um projeto de Inovação 3.0 ocorrem vários e recorrentes equívocos. Segue abaixo detalhamento prático do que deve e o que não deve ser um projeto de Inovação 3.0 em uma organização:

Erros na Inovação 3.0 a serem evitados	Recomendação
Não envolver a direção da organização no projeto;	Como é algo que terá forte impacto na organização, precisa do completo apoio da direção;
Confusão entre digitalização e uberização;	Pode haver confusão conceitual sobre o que a Curadoria é de fato. É preciso que os conceitos estejam bem claros para que não haja surpresas no desenrolar do projeto;
Inovação na Gestão e na Curadoria no mesmo espaço	Em geral, projetos de inovação procuram melhorar de forma incremental e radical a Gestão. É preciso separar as equipes em duas: a que vai melhorar a Gestão e a que vai tratar da Curadoria.

AS DIFERENTES ÁREAS DO LAB 3.0

Ao se iniciar a produção dos protótipos no Labs 3.0 convém eleger algumas áreas de atuação. Seguem abaixo sugestões:

Atividades do Laboratório 3.0	Detalhamento
Monitoramento	Do consumidor e concorrentes para analisar riscos e oportunidades.
Apoio para alinhamento interno	Do amadurecimento do Laboratório 3.0 com os processos tradicionais.
Criação e desenvolvimento de protótipos	A partir das oportunidades.
Desenvolvimento de novos produtos e serviços	A partir das experiências com os protótipos.

LAB 3.0: ERROS NA IMPLANTAÇÃO

Quando iniciamos um projeto de implantação de Lab 3.0 ocorrem vários e recorrentes equívocos. Segue abaixo detalhamento prático do que deve e do que não deve ser um Lab 3.0 na fase de implantação:

Erros na implantação a serem evitados	Recomendação
Criar em área vinculada dentro de determinado setor da organização.	O Lab 3.0 deve ser visto como um acelerador de negócios específico. Deve ser criado fora do espaço organizacional, não vinculado a nenhum departamento com gestor próprio e com independência de recursos.

Ser concebido para desenvolver inovação para a atual organização.	É área que visa criar nova/novas organização/organizações já no modelo da Administração 3.0. Os projetos criados não voltam para a organização tradicional, pois são culturas de administração e comunicação incompatíveis. Visam criar a Nova Organização 3.0.
É projeto que vai rapidamente promover e massificar projetos de Curadoria.	Sugerem-se projetos pilotos para experimentação, usando a "pivotagem" já tradicional em startups, através de tentativa de acerto e erro, de forma rápida e de baixo custo. Projetos só devem ser transformados em produtos e serviços já com a Nova Organização 3.0 criada.
Evitar debate ineficaz sobre coordenador.	É preciso encontrar a melhor forma para coordenar a equipe. Horizontalização é recomendável, mas ter coordenador não é impeditivo para que o processo tenha êxito.
Perfil inadequado.	O Laboratório 3.0 deve contar com inovadores disruptivos, que gostam de mudanças mais radicais. Perfil multiplicador, otimista e que gosta e incentiva trabalho em equipe.

LAB 3.0: ERROS NA OPERAÇÃO

Quando iniciamos o desenvolvimento de projetos dentro do Laboratório 3.0 ocorrem vários e recorrentes equívocos. A seguir, um detalhamento prático do que deve e do que não deve ser um Lab 3.0 na fase de desenvolvimento:

Erros práticos a serem evitados	Recomendação
Evitar projetos massificados.	Os projetos iniciais devem ser sempre aqueles com baixo impacto para que se possam realizar ajustes e reduzir reações negativas diante da nova cultura.
Não capacitar pessoas que possam desenvolver tecnologias.	Se existe esse perfil dentro da Organização é bom que participem do projeto. Caso não, será preciso contratar.

POR QUE ÁREA SEPARADA?

Sugerem-se, para promover a migração, áreas separadas.

- Em uma se continuará gerando valor na Gestão, com sua lógica interna, para os consumidores/cidadãos que ainda não se utilizam das novas tecnologias ou que tenham mais resistência a elas;
- Uma outra estará reservada para a prática do novo modelo, sem a intoxicação do antigo.

A separação permite que pessoas de perfis diferentes passem a pensar e agir na inovação.

- Aquelas de perfil mais conservador e menos ousado trabalharão no ambiente de inovação da Gestão;
- E as de perfil mais ousado e mais inovador trabalharão no ambiente de inovação da Curadoria.

COMO FUNCIONA A ÁREA SEPARADA?

Para facilitar o entendimento do conceito dos Laboratórios 3.0, imaginemos a atual organização como sendo uma grande plantação de tomates, que mantém a organização viva.

A Inovação 3.0 divide a "fazenda" em três áreas produtivas:

- **Inovação incremental** (Tomate tradicional) — na qual se melhorará e se manterá a atual plantação ativa;
- **Inovação radical** (Tomate orgânico) — na qual se experimentarão novas formas de tomate, mas continuando no mesmo mercado e com o mesmo modelo administrativo;
- **Inovação disruptiva** (Kiwi) — na qual se experimentará o modelo administrativo 3.0, com monitoramento do mercado e possíveis projetos pilotos experimentais.

Como vemos na figura abaixo:

INOVAÇÃO 3.0

a fazenda de "tomates"

Inovação Incremental

Inovação Radical

Inovação Disruptiva

O ritmo de cada plantação dependerá do retorno do mercado.

CONCLUSÃO DO CAPÍTULO III

Segue abaixo síntese de como acredito que deve ser o paradigma metodológico mais eficaz para atuar diante da Revolução Civilizacional Digital:

- Não aposte que atuais projetos de inovação incremental e radical da Gestão deixarão a organização mais competitiva;
- Aceite a ideia de que é preciso migrar, o mais rápido possível, para o novo Modelo Administrativo da Curadoria;
- Admita que é bem melhor ser o dono da Organização 3.0 competindo com você do que alguém vindo de fora.

Assim, você terá mais facilidade para lidar com a atual Revolução Civilizacional Digital, que traz muitos riscos, mas também oportunidades.

PARTE IV CONCLUSÃO DO LIVRO

> **"**Não dá para acordar quem finge dormir.**"**
>
> — Alexa Clay

Espero sinceramente ter conseguido ajudar você a ver e agir melhor.

Caso não concorde com as ideias apresentadas, questione, pois avançamos até aqui justamente pelo debate aberto e franco de argumentos.

O desconforto, acredite, é a palavra da moda.

ANEXOS

PÓS-ESCRITOS DE UM ESTUDANTE DE PROBLEMAS

* * *

❝ *Não somos estudantes de assuntos, mas de problemas.***❞**

— Karl Popper

Navego neste livro em diversas áreas nas quais não sou especialista.

Podemos dizer que ouso penetrar e misturar elementos da biologia, história, comunicação, informação, economia, tecnologia, administração e educação, entre outras.

Muitos poderão ver demérito nisso, mas acredito no contrário.

Há, hoje em dia, uma demanda por especialistas de problemas e não mais de assuntos, como no passado.

Assuntos em um mundo mutante e inovador criam falsas barreiras de conhecimento, distribuídas nas escolas, provas, professores, disciplinas, especialistas, mestrados, doutorados.

O ser humano precisa de pensamentos que o ajudem a resolver problemas. E quando os problemas são disruptivos, torna-se necessário quebrar barreiras para procurar soluções, seja lá onde estiverem.

Desde o início da minha jornada procurei resolver apenas um problema:

"Como pessoas e organizações devem pensar e agir diante da atual Revolução Civilizacional Digital?"

Tudo que desenvolvi com meus clientes e alunos foi uma tentativa de criar explicações lógicas e ações eficazes para responder a essa questão, algo que me tomou os últimos vinte anos.

Algumas das afirmações feitas aqui sobre determinados assuntos, se analisadas isoladamente por especialistas, correrão o risco de não ser bem compreendidas.

O objetivo, entretanto, foi realizar uma "colagem teórica" de ações, intuições e reflexões para formar um quadro mais lógico diante de fenômeno tão inusitado.

Espero que aqueles que vivem tal problema — o foco de meus esforços — possam avaliar se o trabalho valeu a pena.

O livro é uma aposta de um cenário futuro.

E, como toda a aposta, é preciso esperar para ver o que vai dar.

DIÁRIO DE BORDO

É importante ainda ressaltar que o processo de construção desse livro foi diferente do habitual.

- Ele é e não é acadêmico;
- Ele é e não é de mercado.

É acadêmico porque procura sustentação lógica mediante argumentos. E é de mercado pois não visa ao público das universidades diretamente, mas, principalmente, às Lideranças Estratégicas.

Há nele um foco claro: mudar o rumo da prosa e ajudar a ter estratégias melhores diante do Mundo Digital.

O livro foi construído em um espaço novo, que é um vão entre:

- O da academia (principalmente no Brasil), que não consegue mais sair de determinado corporativismo dos assuntos;
- E o dos negócios, que procura sempre respostas rápidas, curtas, muitas vezes ineficazes, mesmo que se perca valor de mercado com isso.

Este livro é fruto de um longo processo de amadurecimento como consultor estratégico em internet, iniciado a partir de 1995, quando fundei uma microempresa que hoje acumula mais de 500 projetos realizados. Nele está o resultado de debates com cerca de duas mil pessoas, principalmente nos últimos dez anos, quando passei a ministrar aulas e palestras.

Alunos, clientes e colaboradores nas mídias sociais passaram a sugerir mudanças e questionar conceitos, não só presencialmente, mas também por meio de diferentes espaços de divulgação de ideias como o blog, Slideshare, Youtube, Facebook e Twitter. *(Links e endereços nos Anexos).*

As percepções passaram, ao longo desses quase vinte anos, por um intenso *"corredor polonês"* de debates, nos quais ideias foram questionadas, refletidas, revistas, modificadas e amadurecidas **dentro das organizações**.

Recebi críticas e sugestões de uma gama enorme de percepções de pessoas de todas as idades, diferentes áreas de negócio, perfis profissionais e níveis de maturidade.

Passamos a ter, assim, Certezas Provisórias, a partir de cada etapa do debate. Fomos, aos poucos, tornando líquido o conhecimento na medida em que incorporávamos a construção dos conceitos de forma cada vez mais participativa.

Se não tivesse usado tal método de produção participativa de conhecimento nunca teria chegado às conclusões que apresento aqui. Não posso dizer, portanto, que sou o único autor das ideias aqui apresentadas.

Vale dizer, porém, que o aprofundamento sobre o tema é fruto do estudo histórico e comparativo de diferentes Revoluções Civilizacionais no passado para a elaboração da minha tese de doutorado *"Macrocrise da informação digital: muito além das explosões informacionais"*, defendida em 2010, no curso de Ciência da Informação da Universidade Federal Fluminense (UFF), em parceria com o Instituto Brasileiro de Informação em Ciência e Tecnologia (IBICT), que contou com bolsa da Faperj (Fundação de Amparo à Pesquisa do Rio de Janeiro). *(Aqueles que quiserem a lista completa dos autores que me fizeram pensar e refletir podem também recorrer à bibliografia da tese citada nos Anexos).*

Posso dizer que já faço parte do novo perfil intelectual emergente por práticas inovadoras na construção participativa de conhecimento, a saber:

1. Trabalho, pesquiso e estudo sobre problemas concretos e não sobre assuntos em abstrato, envolvendo diretamente na pesquisa os que sofrem com ele, o que permite conhecer como as pessoas pensam e as ideias são questionadas, o que faz com que avancemos juntos a cada encontro;

2. O esforço intelectual visa criar estratégia para implantação de projetos em clientes de diferentes perfis, tanto governamentais quanto privados, o que permite testar se estamos mais ou menos próximos de algo eficaz. Não é, portanto, projeto de pesquisa para gerar conhecimento, mas para gerar mudança na maneira de pensar e de agir;

3. O processo da pesquisa tem sido feito na e pela internet, com intensa produção diária — muito acima da de pesquisador tradicional — o que determina um hábito de reflexão cotidiana, tornando a produção do conhecimento mais fluida e mais líquida;

4. Aulas, palestras, principalmente a partir dos últimos dois anos, foram e são gravadas e colocadas na internet, com intenso debate e crítica dos que estão, ou não, presentes,

ampliando a audiência e o leque de críticas daquilo que tem sido exposto;

5. Aulas presenciais, via rodas de conversa, sem uso de equipamentos digitais, permitem avançar nos debates por meio de metodologia de diálogo participativo presencial;

6. Desenvolvi, além disso, método de curso participativo à distância pelo Facebook, com intenso debate das atuais ideias, abrangendo pessoas do Brasil e do exterior, em ciclos semestrais de encontros abertos aos interessados.

Produzi três livros impressos, sendo este o terceiro, bem como vários e-books. No primeiro, escrito com o Prof. Marcos Cavalcanti, em 2006, *Conhecimento em Rede*, já acreditava em mudança radical na sociedade, mas não tão profunda como percebo agora.

Já sugeríamos na primeira parte daquela obra que havia algo radical nas mudanças em curso. E apostávamos, na segunda parte dela, em soluções de dentro para dentro das organizações por intermédio do aumento da participação e colaboração em rede, começando em um departamento específico, e com os bons resultados colhidos espalhando a nova prática para os demais.

Depois de várias tentativas, em diferentes projetos na área privada e estatal, testes da metodologia se mostraram ineficazes.

O livro *Gestão 3.0*, de 2013, meu segundo livro impresso, já conseguia delinear melhor a radicalidade da mudança e apontava para um novo Modelo de Sobrevivência (comecei a trabalhar na direção desse conceito) e a comparar o novo Modelo de Administração com o dos insetos, em especial formigas, que aparecem, inclusive, na foto da capa daquela publicação.

Na parte final, na atualização da metodologia, sugeri que **era impossível** promover migração de dentro para dentro da organização da Administração 2.0 para a 3.0.

Apresentei a ideia da criação de Laboratórios 3.0, que ajudariam a criar uma espécie de startup, projetos pilotos para que a nova cultura pudesse ter a liberdade de ser experimentada de fora para fora.

Decretei, para mim, que a Gestão estava em processo gradual de decadência e geraria perda de valor para as organizações tradicionais ao longo do tempo caso não fosse substituída por outro modelo.

No atual livro abandono a palavra Gestão e passo à Administração 3.0, que implanta a Curadoria.

Não me critique, assim, por achar que não há vivência aqui, há muita.

Os argumentos estão colocados, prontos para serem debatidos.

LIVROS RECOMENDADOS PARA LEITURA COMPLEMENTAR

(Ordem alfabética e não necessariamente citados na obra.)

Nome	Autor	Comentário
A Arrogância Fatal	Friedrich Hayek	O autor demonstra como os preços são fundamentais para que haja uma espécie de Inteligência Coletiva de decisões, o que não ocorre quando temos um sistema controlado e fechado.
A Cultura da Participação	Clay Shirky	De fácil leitura, permite bons *insights* sobre mundo digital, desenvolve ideias bem originais. A leitura me inspirou o conceito de Diversidade Subjetiva.
A Galáxia de Gutemberg	Marshall McLuhan	Análise de McLuhan, da Escola Canadense de Comunicação, sobre Revolução Cognitiva Descentralizadora da Escrita Impressa.

A Revolução da Escrita na Grécia	Eric Havelock	Análise de Havelock, da Escola Canadense de Comunicação, sobre a Revolução Cognitiva Descentralizadora do Alfabeto Grego e suas repercussões no pensamento filosófico e político na Grécia e respectivas mudanças ocorridas à época, que resultaram tanto no surgimento da Filosofia como da Democracia.
A Terceira Revolução Industrial	Jeremy Rifkin	Aborda a Macro-História e admite que Revoluções na Comunicação podem ocasionar revoluções na energia e na indústria.
Caminhos da Servidão	Friedrich Hayek	Boa análise para compreender os movimentos de centralização do século passado, que a atual Revolução Digital busca reverter (descentralizar).
Cibercultura	Pierre Lévy	Autor base para compreender a Antropologia Cognitiva e permitir mergulho à Macro-História a partir das Revoluções Cognitivas. Vídeos que fiz sobre o livro disponíveis em: https://goo.gl/0KLuu4.
Criação Imperfeita	Marcelo Gleiser	Debate limites do conhecimento humano e usa metáfora do aquário, que adotei. Quando expandimos o aquário, vemos mais longe, mas também nos conscientizamos, cada vez mais, da nossa ignorância.
Estrutura das Revoluções Cognitivas	Thomas Kuhn	Detalha como a ciência promove rupturas cíclicas e não a continuidade. Tais mudanças raramente ocorrem de dentro para fora, mas de fora para dentro das instituições acadêmicas.

Macrocrise da informação digital: muito além das explosões informacionais	Carlos Nepomuceno	Minha tese de doutorado (UFF/IBICT), detalha a Revolução Cognitiva Descentralizadora da Escrita Impressa. Contém referências dos livros que me levaram às atuais conclusões. E há também um capítulo específico sobre a chegada da prensa tipográfica. Disponível em: http://tese.nepo.com.br.
Mídias Digitais nas Organizações	Anthony Bradley e Mark McDonald	Apresenta pesquisas, em organizações americanas, que evidenciam fracasso de estratégias incrementais diante da atual Revolução Cognitiva Descentralizadora Digital.
O otimista racional	Matt Ridley	Livro muito inspirador, sugere uma espécie de antropologia das trocas humanas na Macro-História. Fiz uma série de vídeos sobre o livro em meu canal do YouTube. Disponível em: https://goo.gl/xC1lil.
Quem está no comando?	Ori Brafman Rod Beckstrom	Permite bons insights sobre o mundo digital, desenvolve algumas ideias bem originais, tais como a relação entre redes descentralizadas versus redes centralizadas. A luta entre apaches e espanhóis é espetacular.
Sapiens – uma breve história do homem	Yuval Nohan Harari	Aborda a Macro-História e apresenta dados preliminares da primeira Revolução Cognitiva, a transição dos gestos para oralidade. Várias críticas que fiz ao livro podem ser vistas no meu canal do YouTube. Apesar disso, a leitura foi muito inspiradora. Vídeos disponíveis em: https://goo.gl/JEy0iO.

Senso Comum	Thomas Paine	Defende, de forma racional, a necessidade de um modelo de governança mais flexível do que um rei hereditário. O autor participou tanto da Revolução Americana quanto da Francesa.

FILMES RECOMENDADOS

(Ordem alfabética)

Referência	URL	Comentário°
2001 — Uma odisséia no espaço	http://goo.gl/wgR7JM	Stanley Kubrick debate o papel das tecnologias em nossa espécie. Bem inspirador para o debate sobre Tecnocultura.
How Ants Comunicate?	https://goo.gl/5Wd5sT	Vídeo curto, síntese de um maior, que apresenta o modelo de comunicação das formigas. Costumo usá-lo em palestras para comparar o modelo das Formigas ao do Waze.
Jogo da Imitação	http://goo.gl/yjH7ha	Narra o desenvolvimento do primeiro computador de grande porte, criado para decifrar códigos secretos nazistas durante a Segunda Guerra.
Lutero	https://goo.gl/B7i1wv	Eric Till analisa a sociedade no início da Revolução Cognitiva Descentralizadora da Escrita Impressa e o papel desta na Reforma Protestante. Lutero foi o primeiro hacker da Escrita Impressa.

Matrix	http://goo.gl/rX1Uxa	Os irmãos Wachowski retratam a criação de "*bolhas*" de percepções e como elas podem ser superadas a partir da revisão da percepção humana.
Náufrago	http://goo.gl/2r7CB1	Robert Zemeckis nos permite analisar o comportamento do Sapiens isolado e sem acesso às tecnologias.
Nome da Rosa	http://goo.gl/Ynfe2A	Jean-Jacques Annaud faz um mergulho no mundo medieval e nos permite conhecer o auge da Revolução Cognitiva Centralizadora da Escrita Manuscrita. Filme baseado em obra de Umberto Eco.
Tempos Modernos	http://goo.gl/5YuzcB	Padronização da produção pode ser explicada pelo aumento da Complexidade Demográfica.
World Population English Version	https://goo.gl/bWsTp6	Vídeo que apresenta o crescimento populacional, desde o surgimento do Sapiens, através da iluminação de áreas no Mapa Mundi.

ARTIGOS RECOMENDADOS

(Ordem alfabética)

Referência	Data e fonte	URL	Comentário
De médico a maquiadora, a "uberização" avança no país	Folha de São Paulo 27/03/2016	http://goo.gl/QAEb0s	Aumenta a adesão ao modelo de Curadoria Digital.
O Uber, sob novo fogo	Folha de São Paulo 27/03/2016	http://goo.gl/oobvgS	Sinais de insatisfação dos usuários das novas Organizações 3.0 serão cada vez mais frequentes, exigindo que o modelo seja cada vez mais aberto na tomada de decisões por parte dos Curadores.
Sebos protestam contra tarifas da Estante Virtual	Estado de São Paulo 11/06/2014	http://goo.gl/mJ0DAS	Sinais de insatisfação dos usuários das novas Organizações 3.0 serão cada vez mais frequentes, exigindo que o modelo seja cada vez mais aberto na tomada de decisões por parte dos Curadores.

GLOSSÁRIO

(Ordem Alfabética)

Conceitos são *"tijolos"* de qualquer *"muro teórico"*. Ajudam a padronizar a narrativa, deixar claro o conteúdo e organizar o pensamento. O Glossário reúne os conceitos mais recorrentes criados para este livro e alguns outros que resolvi incluir para enriquecer a obra, que costumo usar nos vídeos indicados.

Conceito	Definição
Administração 3.0	Modelo de Administração baseado no Modelo de Comunicação Digital, tendo como base a Linguagem dos Cliques, que inaugura a Curadoria Digital, nova forma do Sapiens de resolver problemas complexos.
Algoritmos Sociais Inteligentes	Códigos responsáveis por coordenar atividades em Plataformas Digitais Participativas no Modelo de Administração 3.0, Curadoria Digital.
Antropologia Cognitiva	Campo de estudo das Ciências Humanas, que estuda rupturas de Modelos de Comunicação no passado. Disciplina inaugurada, sem este nome, pela Escola Canadense de Comunicação, conhecida também como Escola de Comunicação de Toronto, que tem em Marshall McLuhan seu principal expoente e Pierre Lévy seu representante contemporâneo.
Ambiente de Administração	O mesmo que Modelo de Administração.
Ambiente de Comunicação	O mesmo que Modelo de Comunicação.

Ambiente Tecnológico Mutante	Possibilidade que o Sapiens tem de alterar as tecnologias ao longo do tempo.
Aquário Tecnocultural	Metáfora para definir o ambiente Tecnocultural do Sapiens, que se modifica ao longo da Macro-História. O conceito pode ser encontrado no texto também como Gaiola e/ ou Rio Tecnocultural.
Autonomia Individual de Pensamento	Capacidade individual de tomada de decisões que tende a aumentar com a chegada de Revoluções Cognitivas Descentralizadoras. Faz parte do Amadurecimento Cognitivo ou Tecnocultural (ver verbete).
Camadas Históricas	Períodos da história recortados para facilitar a análise de fenômenos sociais a partir de suas respectivas causas e consequências. Quanto mais distante estiver a causa da consequência, mais ampla será a camada histórica a ser utilizada para o estudo de dado fenômeno.
Canais de Trocas	Vias por onde circulam as ideias, através das características das Tecnologias Cognitivas.
Cálculo do Futuro	Modelo conceitual que busca ponderar o peso das forças sociais em fórmulas para criação de cenários estratégicos.
Certeza Provisória	Maneira filosófica de conceber o conhecimento, na qual o pensar e agir estão abertos para ideias e práticas melhores.
Classe da Administração da Espécie Pré-Sonora	Etapa da Administração da Espécie do Sapiens anterior à oralidade, baseada nos Gestos.

Classe de Administração da Espécie por Rastros	Classificação geral de Espécies que utilizam os Códigos de trocas por Rastros para estruturar o Modelo de Administração da Espécie.
Classe de Administração da Espécie por Sons ou Sonora	Classificação geral de Espécies que utilizam os Códigos de Trocas por Sons para estruturar o Modelo da Administração da Espécie.
Coexistência de dois Modelos de Administração da Espécie	Momentos na Macro-História em que há na sociedade dois modelos vigentes de Administração do Sapiens, um emergente e outro decadente, em função de Revoluções Cognitivas Descentralizadoras.
Código de Trocas	Códigos que viabilizam a circulação das ideias nos Canais de Trocas. Há o Código por Gestos, Sonoro (Oral e Escrito) e agora Digital (por Rastros) e os Telepáticos, usados por algumas espécies e talvez a próxima fronteira do Sapiens.
Colaboradores	Membros que participam das Plataformas Digitais Participativas, tanto microfornecedores, quanto microconsumidores/microcidadãos.
Complexidade Demográfica	Relação quantitativa e qualitativa entre o número de membros de uma dada espécie e os problemas de oferta e demanda que geram para serem administrados.
Complexidade Demográfica Progressiva ou Complexidade Progressiva	Medida da sofisticação dos problemas humanos a partir do contínuo e permanente aumento demográfico.

Complexidade Demográfica Fixa	Caracteriza o Patamar de complexidade das outras espécies que não são Tecnoculturais, que têm limite de crescimento, pois não podem promover mudanças nos Modelos de Comunicação e Administração.
Complexidade de Ofertas e Demandas	Aumentos demográficos geram aumento de complexidade tanto das demandas quanto das ofertas.
Corporativismo Tóxico	Consequência de prolongado controle por organizações ao final de Eras ou Idades Cognitivas, nas quais as organizações passam a ter controle excessivo sobre a sociedade, o que acaba por se voltar mais e mais apenas para seus interesses em detrimento aos da sociedade. Isso é possível em função do Controle dos Canais de Trocas de Ideias, Produtos e Serviços.
Cosmo-História	Camada histórica que analisa origem, término e mudanças no Universo e nos planetas, incluindo o nosso.
Crise Estrutural Civilizacional ou Macrocrise Estrutural Civilizacional	Provocada pelo desequilíbrio entre o novo Patamar de Complexidade Demográfica alcançado e o Modelo de Administração do Sapiens incompatível.
Crise Civilizacional Estrutural Contemporânea ou Macrocrise Civilizacional Estrutural Contemporânea	Provocada pelo desequilíbrio entre o novo Patamar de Complexidade Demográfica de sete bilhões alcançado e o Modelo de Administração do Sapiens 2.0.
Crise Civilizacional Estrutural Medieval	Provocada pelo desequilíbrio entre o novo Patamar de Complexidade Demográfica de 450 milhões alcançado e o Modelo de Administração do Sapiens 2.0 (da Escrita Manuscrita).

Curador Digital	Equipe ou Administrador responsável por Plataformas Digitais Participativas, que são a base da Curadoria Digital do novo modelo de Administração 3.0.
Curadoria Digital	Novo modelo de Administração da Espécie do Sapiens 3.0, baseado em Plataformas Digitais Participativas, que vêm substituir a Gestão Sonora.
Curadoria do Conhecimento	Nova forma mais participativa de criar conhecimento, em torno de problemas e não mais sobre assuntos, com intensa interação entre participantes do processo, através de tentativas e erros, em processo de debates abertos e honestos, nos quais há interesse de resolver os problemas e nenhum fechamento dogmático de como isso deve ser feito.
Curadorômetro	Parâmetros para avaliar quando determinado setor administrativo está mais afeito a se utilizar da Curadoria Digital.
Descentralizadores Tecnoculturais	Aqueles que se esforçam para implantar o Descentralismo Tecnocultural na sociedade.
Descentralizadores Liberais na Era da Mídia Eletrônica	Agentes que se esforçaram para implantar e manter o Descentralismo Tecnocultural no século XX diante do aumento da Complexidade Demográfica, mesmo em condições adversas. Destaco o pessoal da Escola Austríaca de Economia.
Dependência de Pensamento	Incapacidade humana de tomar decisões de forma mais independente baseada em versões, superstição e fantasias. Seria o oposto da Autonomia de Pensamento.

Descentralismo Cíclico	Característica inerente de nossa Tecnoespécie segundo a qual ao aumentarmos a Complexidade Demográfica (ampliação do número de membros) nos veremos obrigados a promover a descentralização do Modelo Administração da Espécie em movimentos cíclicos. Esses movimentos só se tornam possíveis quando temos novas Tecnologias Cognitivas Descentralizadoras.
Descentralismo Tecnocultural ou Descentralização Tecnocultural	Resposta macrossistêmica ao aumento da Complexidade Demográfica Progressiva que se traduz na redução do poder do centro e aumento do poder das bordas. Não é um movimento opcional, mas obrigatório, única forma de superar Macrocrises Estruturais Civilizacionais ao longo do tempo.
Diversidade Cognitiva	Taxa de diferenciação entre indivíduos, que tende a ser mais homogênea em finais de Eras Cognitivas e mais diversa no avançar de Revoluções Cognitivas Descentralizadoras.
Diversidade das Demandas	Caracteriza-se pelo somatório das Demandas Objetivas e Subjetivas, que definem o patamar de Complexidade Demográfica de dado momento histórico de uma parte ou de toda espécie.
Diversidade Objetiva	Características físicas que cada pessoa traz em particular que elevam o Patamar de Complexidade Demográfica.
Diversidade Subjetiva	Características subjetivas que cada pessoa traz em particular que elevam o Patamar de Complexidade Demográfica.

Era Cognitiva	Período marcado entre Revoluções Cognitivas, com evolução de novos Canais de Trocas, mas que mantêm os mesmos códigos e, por sua vez, mudança incremental no Modelo da Administração da Espécie. A passagem da Era Cognitiva da Escrita Manuscrita para a Impressa é um exemplo disso.
Era Cognitiva da Escrita Impressa	Período que vai da chegada da Escrita Impressa (1450) até a chegada da Mídia de Massa.
Era da Escrita Manuscrita	Período que vai da chegada da Escrita (cerca de 6.000 anos) até a chegada da prensa tipográfica.
Escola Canadense de Comunicação ou de Toronto	Grupo de pesquisadores canadenses que procuram analisar o papel das Tecnologias Cognitivas na sociedade. O principal personagem do século passado foi McLuhan e no atual é Pierre Lévy.
Espécies Químicas	Aquelas que se organizam basicamente pelas Linguagens Químicas.
Espécies Sonoras	Aquelas que se organizam basicamente pelas Linguagens Sonoras.
Filosofia da Tecnologia	Campo que estuda e problematiza a relação do Sapiens e Tecnologias.
Gestão Sonora	Administração da Espécie do Sapiens marcada pelo Ambiente de Comunicação e Administração pré-Digital, com os limites das linguagens oral e escrita.
Gestor Sonoro	Aquele que coordena a Gestão Sonora.

Gestoria	Conceito que visa identificar projetos que implantam a Curadoria Digital apenas parcialmente, sem que a Plataforma Digital Participativa permita a decisão direta ou com muito mais autonomia por parte de seus membros.
Inovação Migratória	Outro nome para Inovação 3.0. Mesmo sentido.
Laboratórios Externos	O mesmo que Laboratórios Externos de Monitoramento e Implantação da Curadoria Digital. Uso também Zonas de Migração.
Laboratórios Externos ou Laboratórios 3.0	Ambientes de Inovação que promovem em espaço separado da organização tradicional o monitoramento e projetos de implantação da Curadoria Digital. Uso também em palestras Zonas de Migração.
Latência Tecnocultural	Demandas invisíveis por novas tecnologias. As pessoas querem mudanças, mas não há ferramentas que possam promovê-las no Ambiente Tecnológico disponível.
Liderança Contextual ou Líder Contextual	Baseado no modelo das formigas, é um tipo de liderança mais provisória, baseada na Reputação Digital, e gerada dentro das Plataformas Digitais Participativas.
Liderança Estratégica	Profissional que procura trabalhar com cenários mais consistentes para as tomadas de decisão. É o perfil para o qual o presente livro é dedicado.
Macrocrise Estrutural Civilizacional	Caracteriza-se pelo Aumento da Complexidade Demográfica com falta de recursos tecnoculturais para lidar com ele.

Macrocrise Estrutural Civilizacional Contemporânea	Caracteriza-se pelo Aumento de Complexidade Demográfica com falta de recursos tecnoculturais para lidar com ele, a partir da obsolescência da Civilização 2.0, pré-digital.
Mapa Estratégico ou Metodológico	Conjunto de conceitos que serve de base para o Estrategista pensar e agir, baseado no Mapa Teórico recebido.
Mapa Filosófico	Conjunto de conceitos que serve de base para o Filósofo pensar e agir, produz ferramentas para produção do Mapa Teórico.
Mapa Teórico	Conjunto de conceitos que serve de base para o Teórico pensar e agir, baseado no Mapa Filosófico recebido.
Mercantilismo	Fenômeno de concentração do sistema capitalista em função do aumento demográfico, sem a possibilidade de descentralização por falta de Ferramentas de Comunicação Descentralizadoras. Fortemente difundido no século passado e ainda no início deste século.
Meso-História	Camada histórica que analisa mudanças de fenômenos com causas e consequências que abrangem séculos ou décadas.
Micro-História	Camada histórica que analisa origem, término e mudanças de fenômenos com causas e consequências que abrangem décadas ou anos.
Modelo de Administração das Espécies	Define como cada espécie decide. Tal Modelo depende de dois fatores: o Modelo de Comunicação e o Patamar de Complexidade Demográfica de cada uma delas.

Modelo de Comunicação das Espécies	Define como cada espécie se comunica. Tal Modelo depende de dois fatores: o Modelo de Administração e o Patamar de Complexidade Demográfica de cada uma delas.
Modelo de Administração do Sapiens	Específico do ser humano, baseia-se nas Tecnologias de Comunicação e Linguagens disponíveis.
Modelo de Comunicação do Sapiens	Específico do ser humano, baseado nas Tecnologias de Administração disponíveis.
Organizações 2.0	As que já praticam a Gestão Sonora.
Organizações 3.0	As que já praticam a Curadoria Digital.
Órteses Cognitivas	O mesmo que Tecnologias de Comunicação.
Plataformas Digitais Participativas ou Plataforma de Curadoria	Ambiente tecnológico formado por Curadores, Líderes Contextuais e Robôs, que viabilizam a Curadoria Digital.
Plástica Cerebral	Camada conjuntural do Tecnocérebro que se adapta às mudanças, principalmente com a chegada de novas Tecnologias e mais ainda, em particular, com as novas Tecnologias de Comunicação.
Reputação Digital	Recurso que permite a qualificação coletiva entre os usuários de Plataformas Digitais Participativas, só viabilizada na Curadoria Digital.
Revolução Civilizacional	Movimentos cíclicos do Sapiens para lidar melhor com a Complexidade Demográfica Progressiva. Há duas etapas: Revolução da Comunicação, com surgimento de nova linguagem, e depois Revolução da Administração, com novas formas de resolver velhos e novos problemas.

Revolução Civilizacional da Escrita Impressa	Revolução Civilizacional que se viabiliza a partir das novas Tecnologias da Escrita Impressa, surgidas e massificadas ao final da Idade Média, por volta de 1450.
Revolução Civilizacional Digital	Revolução Civilizacional que se viabiliza a partir das novas Tecnologias Digitais surgidas e massificadas no final do século passado.
Revolução Demográfica	Saltos demográficos que ocorrem depois de Revoluções Civilizacionais e a partir de Modelos de Comunicação e Administração mais sofisticados.
Rio Tecnocultural	O mesmo que Tecno Ecossistema; são, ambas, metáforas utilizadas para exemplificar os limites que as tecnologias impõem à sociedade.
Robôs	Conjunto de equipamentos que permite aferir os movimentos dentro de Plataformas Digitais Participativas, tal como GPS, câmeras, chips.
Sapiens 1.0	Etapa de mutação do Sapiens marcada pelo Ambiente dos Gestos, a partir de mudanças objetivas e subjetivas da espécie.
Sapiens 2.0	Etapa de mutação do Sapiens marcada pelo Ambiente Oral e Escrito, a partir de mudanças objetivas e subjetivas da espécie.
Sapiens 3.0	Etapa de mutação do Sapiens marcada pelo Ambiente Digital, a partir de mudanças objetivas e subjetivas da espécie.
Tecnoplaneta	Termo mais popular para Tecnoecossistema;

Tecnocérebro	Visão de que nosso cérebro é condicionado pelas Tecnologias de todos os tipos, principalmente as de Comunicação, que lhe dão suporte e moldam.
Tecnocultura	Forma mais eficaz de denominar cultura, sempre embalada por tecnologias que a limitam e condicionam.
Tecnoespécie	Espécies que fazem da tecnologia o epicentro da sobrevivência. O Sapiens é a única Tecnoespécie conhecida até o momento. O uso pontual de tecnologias por outras espécies não as caracteriza como Tecnoespécie.
Tecnoecossistema	Ambiente em que se pratica a Tecnocultura do Sapiens limitado pelas tecnologias disponíveis.
Teto Demográfico	Capacidade máxima de membros que determinada espécie tem em função dos Modelos de Comunicação e Administração que pratica.
Uberização/Uberizar	Forma popular de afirmar que a Curadoria Digital está se massificando.
Vácuo Tecnocultural	Espaço que se abre entre a possibilidade da Tecnocultura passada e a nova em função da chegada de novas Tecnologias.

CONTATO

E-mail: cnepomu@gmail.com
Skype: cnepomuceno1

CANAIS:
Site: www.nepo.com.br
Blog: www.nepo.com.br/blog
Facebook: facebookpro.nepo.com.br
Twitter: @cnepomuceno
Slideshare: slideshare.nepo.com.br
YouTube: youtube.nepo.com.br

SOBRE O AUTOR

Doutor em Ciência da Informação pela Universidade Federal Fluminense/IBICT — Instituto Brasileiro em Ciência e Tecnologia (Tese "Macrocrises da Informação"), jornalista, pesquisador, professor, escritor e consultor especializado em Inteligência Competitiva, Estratégia, Transformação Digital e Inovação.

Nepomuceno tem mais de 500 projetos em estratégia digital, desde 1995.

Últimos trabalhos relevantes em Inovação 3.0:

— IplanRio, empresa de tecnologia da Prefeitura do Rio de Janeiro;

— Secretaria Municipal de Educação do Rio de Janeiro;

— ANTT — Agência Nacional de Transportes Terrestres, entre outros;

— BNDES;

— Petrobras, entre outros.

Professor nos seguintes cursos do Rio de Janeiro: MBA de Gestão de Conhecimento e BigData do CRIE/Coppe/UFRJ, Gestão Estratégica de Marketing Digital e/ou Mídias Digitais nos cursos de Pós-graduação da Faculdade Hélio Alonso (IGEC), bem como em diferentes cursos de pós, MBA da Universidade Veiga de Almeida, e, além disso, professor do IBP — Instituto Brasileiro do Petróleo.

Autor dos livros *Conhecimento em Rede* (2006) e *Gestão 3.0* (2013), publicados pela Editora Campus/Elsevier e de diversos e-books, entre eles, *Ensino 3.0, Política 3.0* e *Liberalismo 3.0.*

ÍNDICE

Este livro foi impresso nas oficinas da
Gráfica Kunst, em Petrópolis/RJ